# La Biblia de la freidora de aire

## freidora de aire

*Recetas deliciosas para freír,
asar y hornear*

**Maria D.Neal**

# Contenido

INTRODUCCION

# INTRODUCTION

Tiene una freidora de aire: ¿ pero sólo la utiliza para las patatas fritas y las batatas fritas? Tal vez le intimide la cantidad de tiempo y energía necesarios para cocinar pollos enteros o asados de carne en su freidora de aire favorita.

¿Qué le parece una deliciosa y jugosa hamburguesa con queso hecha desde cero sin necesidad de una parrilla o sartén? Una freidora de aire puede hacer todo esto, ¡y más!

Tu freidora es una herramienta muy poderosa, En este libro nos centraremos en el modelo Power Air Xl , pero las recetas se adaptan a cualquier modelo de freidora. Cuenta con un potente sistema de inducción para que el calor y la cocción sean uniformes en todo momento. ¡Además de una gran capacidad interior de hasta 2,8 libras de comida en una sola tanda! Con esta freidora de aire puede cocinar una comida entera de una sola vez sin añadir aceite o sin necesidad de dorarla previamente.

**Ventajas**

La POWER XL AIR FRYER GRILL tiene varias ventajas sobre las freidoras tradicionales:

No necesita añadir aceite al cocinar ni dorar previamente los alimentos. Simplemente corte los alimentos en el tamaño deseado, colóquelos en una cesta o plato y cocínelos. ¡Su comida estará lista en minutos!

Puede cocinar una comida entera sin necesidad de añadir aceite ni dorarla. De esta manera puede disfrutar de deliciosas comidas con su jugo natural y sus nutrientes.

No es necesario precalentar. Simplemente añada los alimentos, ajuste el nivel de potencia y el temporizador, ¡y estará listo para empezar a cocinar!

¡Limpieza rápida! El revestimiento antiadherente permite una fácil limpieza después del uso. Sólo tiene que pasar un paño húmedo y caliente o aclarar con agua. ¡No quedará ningún residuo graso!

Puede utilizarse para cocinar cualquier tipo de alimento, como pollo, pescado, patatas, verduras, etc.

Viene con un recetario lleno de recetas fáciles de hacer y deliciosas.

Puede utilizarse como freidora, horno, calentador, parrilla o deshidratador. La POWER XL AIR FRYER GRILL es el único aparato que necesitará en su cocina.

¡Incluso puede utilizarlo para recalentar instantáneamente las sobras!

## ¿Qué hace que este libro de cocina sea diferente?

Este libro de cocina no es uno de esos libros de recetas genéricas que puede escribir cualquier libro de recetas. Se trata de una guía completa que le ayudará a entender lo que es la fritura al aire y le ofrecerá una variedad de recetas para que comience su viaje hacia una alimentación más saludable.

No importa si eres un principiante o un maestro de la fritura al aire. Este libro tiene algo para todos. Ayudándole a entender lo básico, y con consejos de cocina de los mejores chefs y restaurantes, esta es la guía de recetas definitiva para los propietarios de la freidora de aire.

Este libro de cocina tiene todo lo que necesita para empezar a hacer una variedad de recetas utilizando su freidora de aire favorita para una variedad de comidas. Aprenda a cocinar con ella, y cuando termine, debería tener un nuevo aprecio por el poder de la fritura de aire.

El libro de cocina no sólo está lleno de fotos de la comida y de cómo debe quedar, sino que también tendrá un montón de consejos para asegurarse de que la comida salga siempre perfecta. Este es un libro de recetas que querrá tener cerca de su cocina durante años.

Tendrás recetas para cosas como alas de pollo, pechuga de pollo, chuletas de cerdo, filete, filete de pescado, vieiras, verduras y mucho más.

Hay un montón de recetas diferentes que puedes hacer con este libro. Aprenderá a cocinar con los secretos de la freidora de aire de algunos de los principales chefs y restaurantes del país. Estas recetas son tan buenas que querrás guardártelas todas para ti.

Por suerte, no habrá ningún problema con esto ya que están todas impresas en este libro de cocina para que cualquiera pueda utilizarlas. Incluso puedes cambiar algunos de los ingredientes en función de tus preferencias y necesidades dietéticas.

Con tanto contenido, este libro de cocina es como ningún otro que haya leído. Estamos seguros de que le encantarán las recetas y de que podrá sacarle más partido a su freidora de aire que antes.

# APERITIVOS Y SNACKS

# Semillas de calabaza

Tiempo de preparación: 5 minutos

Tiempo de cocción: 25 minutos

Raciones: 6

## Ingredientes:

- 252g de semillas de calabaza
- Agua
- 1 ½ cucharadas de mantequilla
- ½ cucharadita de sal de ajo

## Indicaciones

1. Añade las semillas de calabaza a una olla llena de agua.
2. Llevar a ebullición
3. Escurrir las semillas.
4. Dejar enfriar durante 5 minutos.
5. Mezclar las semillas de calabaza con la mantequilla.
6. Sazonar con sal de ajo.
7. Añadir a la freidora de aire.
8. Ponerla a freír al aire.
9. Cocinar a 180C durante 15 minutos, agitando una vez.

**Nutrición:** Calorías 152 Grasas 11g Proteínas 27g

# Dip de ajo asado

Tiempo de preparación: 10 minutos

Tiempo de cocción: 20 minutos

Raciones: 6

## Ingredientes:

- 1 cabeza de ajo
- ½ cucharada de aceite de oliva

## Indicaciones

1. Cortar la parte superior del ajo.
2. Rociar con el aceite de oliva.
3. Añadir a la freidora de aire.
4. Ponerla a asar.
5. Cocinar a 200C durante 20 minutos.
6. Pelar los ajos.
7. Pasar a un procesador de alimentos.
8. Pulse hasta que esté suave.

**Nutrición:** Calorías 126 Grasas 22g Proteínas 11g

# Aros de cebolla con bacon

Tiempo de preparación: 15 minutos

Tiempo de cocción: 10 minutos

Raciones: 4

## Ingredientes:

- 2 cebollas blancas, cortadas en aros
- 1 cucharada de salsa picante
- 10 rebanadas de tocino

## Indicaciones

1. Cubrir los aros de cebolla con salsa picante.
2. Envolver cada aro de cebolla con tocino.
3. Añadir a la freidora de aire.
4. Ponerla a freír al aire.
5. Cocine a 190 grados C durante 5 minutos por lado.

**Nutrición:** Calorías 136 Grasas 20g Proteínas 9g

# Sándwich de queso a la parrilla

Tiempo de preparación: 5 minutos

Tiempo de cocción: 8 minutos

Raciones: 1

## Ingredientes:

- 2 rebanadas de pan
- 1 cucharada de mantequilla
- 2 rebanadas de queso cheddar

## Indicaciones

1. Untar un lado de las rebanadas de pan con mantequilla.
2. Situar el queso entre las dos rebanadas de pan.
3. Elija el ajuste de grill en su freidora de aire.
4. Cocine a 180 grados C durante 5 minutos.
5. Voltee y cocine por otros 3 minutos.

**Nutrición:** Calorías 133 Grasas 19g Proteínas 8g

# Papas fritas de aguacate con tocino

Tiempo de preparación: 10 minutos

Tiempo de cocción: 10 minutos

Raciones: 6

**Ingredientes:**

- 1 aguacate, cortado en gajos
- 12 a 15 tiras de bacon
- Spray de cocina

**Indicaciones**

1. Envuelve las cuñas de aguacate con el bacon.
2. Rociar con aceite.
3. Añadir a la freidora de aire.
4. Ponerla a freír al aire.
5. Cocine a 200C durante 10 minutos.

**Nutrición:** Calorías 149 Grasas 29g Proteínas 14g

# Empanada de ternera

Tiempo de preparación: 20 minutos

Tiempo de cocción: 20 minutos

Raciones: 2

## Ingredientes:

- 1 cucharada de aceite de oliva
- 226 gramos de carne picada
- ½ cebolla picada
- 1 diente de ajo picado
- 1 pimiento verde picado
- 59g de salsa de tomate
- Sal y pimienta al gusto
- ¼ de cucharadita de comino
- 1 yema de huevo
- 1 cucharada de leche
- 1 paquete de conchas de empanada

## Indicaciones

1. Verter el aceite en una sartén a fuego medio.
2. Cocinar la carne picada durante 5 minutos.
3. Escurrir la grasa.
4. Incorporar la cebolla y el ajo.
5. Cocinar durante 4 minutos.
6. Añade el pimiento y la salsa.
7. Condimentar con sal, pimienta y comino.
8. Cocinar durante 10 minutos.

9. En un bol, mezclar la yema de huevo y la leche.

10. Colocar la mezcla de carne molida sobre las conchas de las empanadas.

11. Doblar y sellar.

12. Pincelar ambos lados con el lavado de huevo.

13. Añadir la empanada a la freidora de aire.

14. Ponerla a freír al aire.

15. Cocinar a 200C durante 10 minutos.

**Nutrición:** Calorías 226 Grasas 27g Proteínas 12g

# Patatas fritas

Tiempo de preparación: 5 minutos

Tiempo de cocción: 8 minutos

Raciones: 4

**Ingredientes:**

- 12 patatas de bolsa
- 12 tiras de tocino

**Indicaciones**

1. Envuelve los tots de patata con tiras de bacon.
2. Añadir a la freidora de aire.
3. Ponerla a freír al aire.
4. Cocinar a 200°C durante 8 minutos, dándole la vuelta una o dos veces.

**Nutrición:** Calorías 131 Grasas 29g Proteínas 12g

# Camarones tropicales

Tiempo de preparación: 10 minutos

Tiempo de cocción: 6 minutos

Raciones: 3

## Ingredientes:

- 9 camarones, pelados y desvenados
- 62g de harina
- 1 huevo
- 126g de pan rallado
- 75g de copos de coco

## Indicaciones

1. Pasar las gambas por harina.
2. Pasar por huevo.
3. Pasar por una mezcla de pan rallado y copos de coco.
4. Disponer las gambas en la freidora de aire.
5. Ponerla a freír al aire.
6. Cocine a 160C durante 6 minutos por lado.

**Nutrición:** Calorías 144 Grasas 29g Proteínas 13g

# Nudos de ajo

Tiempo de preparación: 10 minutos
Tiempo de cocción: 15 minutos
Raciones: 2

**Ingredientes:**

- 1 masa de pizza
- 125ml de aceite de oliva
- 5 dientes de ajo picados
- Sal al gusto
- 18g de perejil picado
- 23g de queso parmesano rallado

**Indicaciones**

1. Dividir la masa de la pizza en 2.
2. Enrollar en forma de cuerda.
3. Haz un nudo con la masa.
4. Mezclar el resto de ingredientes en un bol.
5. Pincelar la parte superior con esta mezcla.
6. Colócalos dentro de la freidora de aire.
7. Ponerla a hornear.
8. Cocinar a 180°C durante 15 minutos, dándole la vuelta a mitad de camino.

**Nutrición:** Calorías 126 Grasas 22g Proteínas 16g

# Tiras de tostadas francesas

Tiempo de preparación: 10 minutos
Tiempo de cocción: 8 minutos
Raciones: 6

**Ingredientes:**

- 2 huevos
- 125ml de leche
- 127g de crema de leche
- ¼ cucharadita de canela molida
- ½ cucharadita de extracto de vainilla
- 3 cucharadas de azúcar
- Una pizca de sal
- 6 rebanadas de pan de molde, cortadas en tiras

**Indicaciones**

1. Batir los huevos en un bol.
2. Incorporar la leche, la nata, la canela, la vainilla, el azúcar y la sal.
3. Rebozar las tiras de pan con la mezcla.
4. Colocar en la freidora de aire.
5. Ponerla a freír por aire/parrilla.
6. Póngalo a 190 grados C.
7. Cocine durante 4 minutos por lado.

**Nutrición:** Calorías 166 Grasas 21g Proteínas 8g

# Sándwich de huevo

Tiempo de preparación: 10 minutos
Tiempo de cocción: 16 minutos
Raciones: 4

## Ingredientes:

- 4 huevos
- 243g de mayonesa ligera
- 1 cucharada de cebollino picado
- Pimienta al gusto
- 8 rebanadas de pan de molde

## Indicaciones

1. Añade los huevos a la rejilla de la freidora de aire.
2. Seleccione la función de freír al aire.
3. Prográmelo a 120 grados C.
4. Cocine durante 16 minutos.
5. Colocar los huevos en un bol con agua helada.
6. Pelar y pasar a otro bol.
7. Triturar los huevos con un tenedor.
8. Incorporar la mayonesa, el cebollino y la pimienta.
9. Untar la mezcla en el pan y cubrir con otro pan para hacer un sándwich.

**Nutrición:** Calorías 121 Grasas 20g Proteínas 9g

# Bagel

Tiempo de preparación: 10 minutos
Tiempo de cocción: 15 minutos
Raciones: 4

**Ingredientes:**

- 125g de harina de uso general
- 2 cucharaditas de levadura en polvo
- ½ cucharadita de sal
- 296g de yogur griego descremado
- 1 huevo batido

**Indicaciones**

1. En un bol, mezclar todos los ingredientes.
2. Amasar la mezcla.
3. Dividir la masa en 4.
4. Enrollar en una cuerda gruesa y luego formar un bagel.
5. Pincelar la parte superior con huevo.
6. Elija el ajuste de horneado en el grill de la freidora de aire.
7. Prográmelo a 137 grados C.
8. Cocine durante 15 minutos.

**Nutrición:** Calorías 127 Grasas 29g Proteínas 12g

# Omelet

Tiempo de preparación: 10 minutos
Tiempo de cocción: 10 minutos
Raciones: 4

**Ingredientes:**

- 2 huevos
- 60ml de leche
- 30g de jamón picado
- 18g de pimiento rojo picado
- 62g de queso cheddar
- Sal al gusto

**Indicaciones**

1. Batir los huevos en un bol.
2. Incorporar la leche.
3. Añadir el resto de los ingredientes.
4. Verter en una cacerola pequeña.
5. Añadir la sartén a la rejilla de la freidora de aire.
6. Elija la función de freír con aire.
7. Prográmelo a 176 grados C.
8. Cocine durante 10 minutos.

**Nutrición:** Calorías 139 Grasas 27g Proteínas 12g

# Hash de boniato

Tiempo de preparación: 10 minutos
Tiempo de cocción: 15 minutos
Raciones: 6

## Ingredientes:

- 2 batatas, cortadas en cubos
- 2 rebanadas de tocino, cortadas en cubos
- 2 cucharadas de aceite de oliva
- 1 cucharada de pimentón ahumado
- Sal y pimienta al gusto
- 1 cucharadita de eneldo seco

## Indicaciones

1. Elija el ajuste de la freidora de aire.
2. Precaliéntelo a 200 grados C.
3. En un bol, combine todos los ingredientes.
4. Vierte en una sartén.
5. Colocar en la freidora de aire.
6. Cocinar durante 16 minutos, removiendo cada 3 minutos.

**Nutrición:** Calorías 132 Grasas 31g Proteínas 20g

# Tocino y huevos

Tiempo de preparación: 10 minutos
Tiempo de cocción: 16 minutos
Raciones: 4

## Ingredientes:

- 8 rebanadas de tocino
- 4 huevos estrellados
- 317g de aguacate, cortado en cubos

## Indicaciones

1. Seleccione la función de freír al aire.
2. Precaliente su freidora de aire a 198 grados C.
3. Agregue las rebanadas de tocino a la rejilla de la freidora de aire.
4. Fría al aire durante 8 minutos por lado.
5. Servir las tiras de bacon crujiente con huevos y aguacate.

**Nutrición:** Calorías 135 Grasas 25g Proteínas 5g

# Patatas de salchicha

Tiempo de preparación: 10 minutos
Tiempo de cocción: 10 minutos
Raciones: 4

## Ingredientes:

- Spray para cocinar
- 340g de hamburguesas de salchicha
- 4 rebanadas de pan integral

## Indicaciones

1. Prepara tu freidora de aire a 200°C.
2. Rocíe las hamburguesas de salchicha con aceite.
3. Agregue las hamburguesas de salchicha a la rejilla de la freidora de aire.
4. Cocine durante 5 minutos por cada lado.
5. Servir con rebanadas de pan integral.

**Nutrición:** Calorías 156 Grasas 19g Proteínas 6g

# DESAYUNO

# Gofres de suero de leche

Tiempo de preparación: 6 minutos

Tiempo de cocción: 15 minutos

Raciones: 5

## Ingredientes:

- 2 huevos
- 250g de harina
- 2 cucharaditas de azúcar y extracto de vainilla
- 1 cucharadita de sal y bicarbonato
- 2 cucharaditas de levadura en polvo
- 500ml de suero de leche
- 119g de mantequilla

## Indicaciones

1. Batir todos los ingredientes secos y luego los húmedos en un bol.
2. Precalentar la PowerXL Air Fryer Grill a 150C o 300F y hornear durante 3-4 minutos.

**Nutrición:** Calorías: 423 Proteínas: 9g Grasas: 23g

# Bagel simple

Tiempo de preparación: 18 minutos

Tiempo de cocción: 12 minutos

Raciones: 4

## Ingredientes:

- 125g de harina
- 1 clara de huevo batida
- 3 cucharaditas de sal
- 2 cucharaditas de levadura en polvo
- 259g de yogur.

## Indicaciones

1. Incorporar todos los ingredientes para hacer la masa.
2. Amasar la masa hasta que esté pegajosa.
3. Hacer pequeñas bolas y pasar el rodillo para darles forma.
4. Espolvorear los aderezos si se desea.
5. Precalentar la PowerXL Air Fryer Grill a 190C o 375F y hornear durante 20-25 minutos.

**Nutrición:** Calorías: 152 Proteínas: 10g Grasas: 0,3g

# Gofres de tocino con azúcar morena

Tiempo de preparación: 18 minutos

Tiempo de cocción: 25 minutos

Raciones: 7

## Ingredientes:

- 7 rebanadas de tocino
- 375g de harina
- 1 cucharada de polvo de hornear
- 1 cucharadita de bicarbonato y sal
- 106g de azúcar moreno
- 4 huevos
- 2 cucharaditas de extracto de vainilla
- 157ml de aceite de semilla de uva
- 500ml de suero de leche

## Indicaciones

1. Incorporar todos los ingredientes secos y luego los húmedos para hacer la masa.
2. Precaliente la PowerXL Air Fryer Grill a 180C o 350F
3. Engrase el molde para gofres, vierta la mezcla y hornee durante 15 minutos.

**Nutrición:** Calorías: 389 Proteínas: 18,4g Grasas: 23g

# Galletas italianas de barquillo

Tiempo de preparación: 19 minutos

Tiempo de cocción: 12 minutos

Raciones: 4

## Ingredientes:

- 500g de harina
- 239g de mantequilla
- 6 huevos
- 1 cucharadita de extracto de vainilla
- 250g de azúcar
- 1/4 de cucharadita de sal

## Indicaciones

1. Batir los huevos hasta que estén espesos. Mezclar con la mantequilla derretida.
2. Mezclar el resto de los ingredientes para hacer la masa.
3. Precaliente la PowerXL Air Fryer Grill a 200C o 400F.
4. Hornee la masa en un molde para gofres durante 15-18 minutos.

**Nutrición:** Calorías: 132 Proteínas: 2g Grasas: 5Gr

# Gofres de fresa y ricotta

Tiempo de preparación: 8 minutos
Tiempo de cocción: 12 minutos
Raciones: 2

## Ingredientes:

- 250g de harina
- 1 cucharadita de bicarbonato, 2 cucharaditas de levadura en polvo
- 2 huevos
- 2 cucharadas de azúcar
- 1/2 cucharadita de extracto de vainilla
- 500ml de leche
- 60ml de aceite
- 66g de fresas cortadas en rodajas
- 59g de queso ricotta
- 2 cucharaditas de sirope de arce

## Indicaciones

1. Precaliente la PowerXL Air Fryer Grill a 200C o 400F
2. Bata los ingredientes secos y húmedos de la masa.
3. Rellene la masa en el molde y hornee durante 12-15 minutos.
4. Mezclar la ricotta y la vainilla en un bol. Cubrir con la mezcla, el sirope y las fresas.

**Nutrición:** Calorías: 318 Proteínas: 11,9g Grasas: 13,6g

# Bagel Brulee de piña

Tiempo de preparación: 6 minutos
Tiempo de cocción: 15 minutos
Raciones: 8

## Ingredientes:

- 4 panecillos finos
- 4 cucharaditas de azúcar moreno
- 178g de queso crema bajo en grasa
- 8 rodajas de piña
- 3 cucharadas de almendras tostadas

## Indicaciones

1. Precaliente la PowerXL Air Fryer Grill a 220C o 425F.
2. Hornea las rodajas de piña con azúcar moreno espolvoreado por encima.
3. Tostar los panecillos y aplicar el queso crema, las almendras y las piñas horneadas.

**Nutrición:** Calorías: 157 Proteínas: 5,6g Grasas: 6,4g

# Huevo de oro Bagels

Tiempo de preparación: 4 minutos
Tiempo de cocción: 16 minutos
Raciones: 8

## Ingredientes:

- 2 huevos
- 4 cucharaditas de levadura seca
- 500-625g de harina para todo uso
- 1 cucharada de aceite de canola y sal kosher
- 1-1/2 cucharadas de azúcar

## Indicaciones

1. Batir los huevos, el azúcar, la levadura, el agua tibia y el aceite. Añadir la harina y la sal para preparar la masa.
2. Hacer una cuerda larga con la masa, cerrando los dos extremos.
3. Precalentar la PowerXL Air Fryer Grill a 2000C o 4000F.
4. Hervir los bagels en azúcar y sal durante 45 segundos.
5. Escurra los bagels, píntelos con la clara de huevo y hornéelos durante 15-20 minutos.

**Nutrición:** Calorías: 164 Proteínas: 6,6g Grasas: 2,1g.

# Bagels de arándanos silvestres

Tiempo de preparación: 11 minutos
Tiempo de cocción: 5 minutos
Raciones: 1

## Ingredientes:

- - 1 panecillo
- - 1 cucharada de queso crema bajo en grasa
- - 2 cucharadas de arándanos silvestres congelados
- - 1/4 cucharadita de canela

## Indicaciones

1. Precaliente la PowerXL Air Fryer Grill a 190C o 375F
2. Tostar el panecillo durante 3-5 minutos.
3. Extienda el queso crema; añada la cobertura de arándanos y la canela.

**Nutrición:** Calorías: 155 Proteínas: 6g Grasas: 3,5g

# RECETAS DE AVES DE CORRAL

# Pollo a la Bruschetta

Tiempo de preparación: 10 minutos

Tiempo de cocción: 9 minutos

Raciones: 4

## Ingredientes:

Relleno de Bruschetta:

- 1 tomate, cortado en dados
- 3 cucharadas de vinagre balsámico
- 1 cucharadita de condimento italiano
- 2 cucharadas de albahaca fresca picada
- 3 dientes de ajo picados
- 2 cucharadas de aceite de oliva virgen extra

Pollo:

- 4 (4 onzas / 113 g) pechugas de pollo deshuesadas y sin piel, cortadas en 4 cortes cada una
- 1 cucharadita de condimento italiano
- Condimento para pollo o aliño, al gusto
- Spray para cocinar

## Indicaciones

1. Rocíe las rejillas de flujo de aire con spray de cocina.
2. Combine los ingredientes para el relleno de la bruschetta en un bol. Remover para mezclar bien. Ponga a un lado.
3. Frote las pechugas de pollo con el condimento italiano y el condimento para pollo en una superficie de trabajo limpia.

4. Colocar las pechugas de pollo, con las hendiduras hacia arriba, en las rejillas de ventilación y rociarlas con spray de cocina.
5. Deslice las rejillas en el horno de la freidora de aire. Pulse el botón de encendido. Cocine a 370°F (188°C) durante 10 minutos.
6. Dar la vuelta a la pechuga y rellenar las hendiduras con el relleno de bruschetta hasta la mitad.
7. Servir inmediatamente.

**Nutrición:** Calorías: 155Proteínas: 19g Grasas: 6,7g

# Solomillos de pollo con costra de queso y cacahuetes

Tiempo de preparación: 10 minutos

Tiempo de cocción: 12 minutos

Porción: 4

## Ingredientes

- 45g de queso parmesano rallado
- ½ cucharadita de ajo en polvo
- 1 cucharadita de copos de pimienta roja
- 2 cucharadas de aceite de cacahuete
- 1½ libras (680 g) de lomos de pollo
- 2 cucharadas de cacahuetes tostados y picados
- Spray para cocinar

## Indicaciones

1. Rocíe las rejillas de flujo de aire con spray de cocina.
2. Combine el queso parmesano, el ajo en polvo, los copos de pimienta roja, la sal, la pimienta negra y el aceite de cacahuete en un bol grande. Remover para mezclar bien.
3. Sumerja los lomos de pollo en la mezcla de queso y presione para cubrirlos bien. Sacudir el exceso.
4. Pasar los solomillos de pollo a las rejillas de aireación.
5. Deslice las rejillas en el horno de la freidora de aire. Pulse el botón de encendido. Cocine a 360°F (182°C) durante 12 minutos.
6. Dar la vuelta al solomillo a mitad de camino.

7. Al finalizar la cocción, el lomo debe estar bien dorado.

8. Pasar los solomillos de pollo a un plato grande y cubrir con cacahuetes tostados antes de servir.

**Nutrición:** Calorías: 161 Proteínas: 19g Grasas: 8g

# Pechugas de pollo a la marinera con queso

Tiempo de preparación: 30 minutos

Tiempo de cocción: 1 hora

Porción: 2

## Ingredient

- 1 huevo grande
- 125g de harina de almendra
- 2 mitades de pechuga de pollo deshuesada y sin piel (170 g)
- 1 tarro de salsa marinara (227 g), dividido
- 4 cucharadas de queso Mozzarella rallado, dividido
- 4 cucharadas de queso parmesano rallado, dividido
- 4 cucharadas de albahaca fresca picada, divididas
- Spray para cocinar

## Indicaciones

1. Rocíe las rejillas de flujo de aire con spray de cocina.
2. En un recipiente poco profundo, batir el huevo.
3. En otro bol poco profundo, colocar la harina de almendras.
4. Sumerja una mitad de pechuga de pollo en el huevo y luego en la harina de almendras para cubrirla. Coloque el pollo recubierto en las rejillas de aire. Repetir con la mitad de pechuga de pollo restante.
5. Introduzca las rejillas en el horno de la freidora de aire. Pulse el botón de encendido. Cocine a 350ºF (180ºC) durante 40 minutos.

6. Después de 20 minutos, retire del horno de la freidora de aire y voltee el pollo. Vuelva a colocar las rejillas en el horno de la freidora de aire y continúe la cocción.

7. Cuando termine la cocción, el pollo ya no debe estar rosado y los jugos salen claros.

8. En una bandeja para hornear, vierta la mitad de la salsa marinara.

9. Colocar el pollo cocido en la salsa. Cubrir con el resto de la marinara.

10. Espolvorear 2 cucharadas de queso mozzarella y 2 cucharadas de queso parmesano de soja sobre cada pechuga de pollo. Cubrir cada una con 2 cucharadas de albahaca.

11. Vuelva a colocar la bandeja en el horno de la freidora de aire y cocine durante 20 minutos. Dale la vuelta al pollo a mitad del tiempo de cocción.

12. Cuando la cocción esté completa, un termómetro de lectura instantánea insertado en el centro del pollo debe indicar al menos 165°F (74°C).

13. Retirar la sartén del horno de la freidora y repartir en 2 platos. Salpimentar y servir.

**Nutrición:** Calorías: 146 Proteínas: 12g Grasas: 9g

# Pizza de pepperoni y pollo con queso

Tiempo de preparación: 15 minutos

Tiempo de cocción: 15 minutos

Porción: 6

**Ingredient**

- 250g de pollo cocido, cortado en cubos
- 238g de salsa para pizza
- 20 rebanadas de pepperoni
- 23g de queso parmesano rallado
- 95g de queso Mozzarella rallado
- Spray para cocinar

**Indicaciones**

1. Rocía un molde para hornear con aceite en aerosol.
2. Coloque los cubos de pollo en el molde preparado, luego cubra los cubos con salsa de pizza y pepperoni. Remueva para cubrir los cubos y el pepperoni con la salsa. Esparza los quesos por encima.
3. Introduce la bandeja en el horno de la freidora de aire. Pulse el botón de encendido. Cocine a 375°F (190°C) durante 15 minutos.
4. Al finalizar la cocción, la pizza debe estar espumosa y los quesos deben estar derretidos.
5. Servir inmediatamente.

**Nutrición:** Calorías: 169 Proteínas: 16g Grasas: 11g

# Hamburguesas de pavo con queso

Tiempo de preparación: 10 minutos

Tiempo de cocción: 25 minutos

Porción: 4

**Ingredientes**

- 2 cebollas amarillas medianas
- 1 cucharada de aceite de oliva
- 1½ cucharaditas de sal kosher, dividida
- 1¼ libra (567 g) de pavo molido
- 80g de mayonesa
- 1 cucharada de mostaza de Dijon
- 2 cucharaditas de salsa Worcestershire
- 4 rebanadas de queso Cheddar fuerte (113 g en total)
- 4 panes de hamburguesa, cortados en rodajas

**Indicaciones**

1. Recortar las cebollas y cortarlas por la mitad a través de la raíz. Cortar una de las mitades por la mitad. Rallar un cuarto. Colocar la cebolla rallada en un bol grande. Cortar las cebollas restantes en rodajas finas y colocarlas en un bol mediano con el aceite y ½ cucharadita de sal kosher. Mezclar para cubrir. Extienda las cebollas en una sola capa en una bandeja para hornear.

2. Coloque la bandeja en el horno de la freidora de aire. Pulse el botón de encendido. Cocine a 350°F (180°C) durante 10 minutos.

3. Mientras se cocinan las cebollas, añada el pavo a la cebolla rallada. Incorpore el resto de la sal kosher, la mayonesa, la

mostaza y la salsa Worcestershire. Divida la mezcla en 4 hamburguesas, cada una de aproximadamente 1.9cm de grosor.

4. Cuando la cocción esté completa, retire del horno de la freidora de aire. Mueva las cebollas a un lado de la sartén y coloque las hamburguesas en la sartén. Pinche con el dedo en el centro de cada hamburguesa para hacer una hendidura profunda.

5. Introduzca la sartén en el horno de la freidora. Cocine durante 12 minutos.

6. Después de 6 minutos, retire la sartén. Dar la vuelta a las hamburguesas y remover las cebollas. Vuelva a introducirla en el horno de la freidora y continúe la cocción. Después de unos 4 minutos, retire la sartén y coloque las rodajas de queso sobre las hamburguesas. Vuelva al horno de la freidora de aire y continúe la cocción durante aproximadamente 1 minuto, o hasta que el queso se derrita y el centro de las hamburguesas haya alcanzado al menos 165°F (74°C) en un termómetro de carne.

7. Cuando la cocción esté completa, retire del horno de la freidora de aire. Cubra sin apretar las hamburguesas con papel de aluminio.

8. Coloque los panecillos, con el corte hacia arriba, en las rejillas de flujo de aire. Cocine durante 3 minutos. Compruebe los panecillos después de 2 minutos; deben estar ligeramente dorados.

9. Sacar los panecillos del horno de la freidora. Monte las hamburguesas y sírvalas.

**Nutrición:** Calorías: 161 Proteínas: 22g Grasas: 18g

# Albóndigas de pollo y jamón con salsa de Dijon

Tiempo de preparación: 10 minutos

Tiempo de cocción: 15 minutos

Porción: 4

## Ingredientes

Albóndigas:

- ½ libra (227 g) de jamón picado
- ½ libra (227 g) de pollo molido
- 47g de queso suizo rallado
- 1 huevo grande, batido
- 3 dientes de ajo picados
- 19g de cebollas picadas
- 1½ cucharaditas de sal marina
- 1 cucharadita de pimienta negra molida
- Spray para cocinar

## Salsa de Dijon:

- 3 cucharadas de mostaza de Dijon
- 2 cucharadas de zumo de limón
- 60ml de caldo de pollo, calentado
- ¾ de cucharadita de sal marina
- ¼ de cucharadita de pimienta negra molida
- Hojas de tomillo fresco picadas, para decorar

## Indicaciones

1. Rocíe las rejillas de flujo de aire con spray de cocina.
2. Incorpore los ingredientes para las albóndigas en un bol grande. Remover para mezclar bien y luego dar forma a la mezcla en doce albóndigas de 1½ pulgadas.
3. Disponga las albóndigas en las rejillas de flujo de aire.
4. Deslice las rejillas en el horno de la freidora de aire. Pulse el botón de encendido. Cocine a 390°F (199°C) durante 15 minutos.
5. Dar la vuelta a las bolas a mitad de camino.
6. Al finalizar la cocción, las bolas deben estar ligeramente doradas.
7. Mientras tanto, combinar los ingredientes, excepto las hojas de tomillo, para la salsa en un tazón pequeño. Remover para mezclar bien.
8. Pasar las albóndigas cocidas a un plato grande y rociar con la salsa. Adornar con las hojas de tomillo y servir.

**Nutrición:** Calorías: 170 Proteínas: 21g Grasas: 14g

# Pollo y batata al curry

Tiempo de preparación: 10 minutos

Tiempo de cocción: 20 minutos

Porción: 4

## Ingredient

- 1 lb. (454 g) de muslos de pollo deshuesados
- 1 cucharadita de sal kosher, dividida
- 59g de mantequilla sin sal, derretida
- 1 cucharada de curry en polvo
- 2 batatas medianas, peladas y cortadas en cubos de 2.5cm
- 340 g de coles de Bruselas, cortadas por la mitad

## Indicaciones

1. Espolvorear los muslos de pollo con ½ cucharadita de sal kosher. Colóquelos en una sola capa en una bandeja para hornear.
2. Revuelve la mantequilla y el curry en polvo.
3. Colocar los boniatos y las coles de Bruselas en un bol grande. Rociar la mitad de la mantequilla de curry sobre las verduras y añadir el resto de la sal kosher. Remover para cubrirlas. Transfiera las verduras a la bandeja de hornear y colóquelas en una sola capa alrededor del pollo. Pincelar la mitad de la mantequilla de curry restante sobre el pollo.
4. Coloque la bandeja en el horno de la freidora de aire. Pulse el botón de encendido. Cocine a 400°F (205°C) durante 20 minutos.

5. Después de 10 minutos, sacar del horno de la freidora y dar la vuelta a los muslos de pollo. Bañarlos con el resto de la mantequilla de curry. Vuelva a ponerlos en el horno de la freidora de aire y continúe la cocción.

6. Cuando esté hecho, la temperatura interna debe ser de 165°F (74°C) en un termómetro de carne.

**Nutrición:** Calorías: 171 Proteínas: 19g Grasas: 11g

# Sándwiches de chapata con pollo

Tiempo de preparación: 12 minutos Cocción: 13 minutos Porción: 4

**Ingredientes**

- 2 (8 onzas / 227 g) pechugas de pollo deshuesadas y sin piel
- 1 cucharadita de sal kosher, dividida
- 125g de harina para todo uso
- 1 cucharadita de condimento italiano
- 2 huevos grandes
- 2 cucharadas de yogur natural
- 252g de pan rallado panko
- 126g de queso parmesano rallado
- 2 cucharadas de aceite de oliva
- 4 panecillos de chapata, partidos por la mitad
- 119g de salsa marinara
- 47g de queso mozzarella rallado

**Indicaciones**

1. Coloque las pechugas de pollo en una tabla de cortar y corte cada una de ellas por la mitad en paralelo a la tabla para tener 4 filetes bastante uniformes y planos. Coloque un trozo de papel de plástico sobre los trozos de pollo y utilice un rodillo para golpearlos suavemente hasta conseguir un grosor uniforme, de aproximadamente 1.2cm de grosor. Sazona el pollo por ambos lados con ½ cucharadita de sal kosher.

2. Colocar la harina en un plato y añadir el resto de la sal kosher y el condimento italiano. Mezclar con un tenedor para distribuir uniformemente. Revolver los huevos con el yogur. En un bol

pequeño, combinar el panko, 95g de queso parmesano y el aceite de oliva. Coloque esto en un tazón poco profundo.

3. Rebozar el pollo en la harina sazonada y sumergirlos en el lavado de huevos para cubrirlos por completo, dejando que el exceso escurra. Empapar el pollo en el pan rallado. Colocar los trozos de pollo empanados en las rejillas de aireación.

4. Deslice las rejillas en el horno de la freidora de aire. Presione el botón de encendido. Cocine a 375°F (190°C) durante 10 minutos.

5. Después de 5 minutos, retire las rejillas del horno de la freidora de aire. Déle la vuelta al pollo con cuidado. Vuelva a colocar las rejillas de flujo de aire en el horno de la freidora y continúe la cocción. Cuando termine la cocción, retire las rejillas de flujo de aire del horno de la freidora.

6. Despliegue los panecillos en las rejillas de la freidora y unte cada mitad con 1 cucharada de salsa marinara. Coloque un trozo de pechuga de pollo en la parte inferior de los panecillos y espolvoree el resto del queso parmesano sobre los trozos de pollo. Repartir la mozzarella entre las mitades superiores de los bollos.

7. Introducir las rejillas en el horno de la freidora. Cocinar durante 3 minutos.

8. Compruebe los sándwiches a mitad de camino. Cuando la cocción esté completa, el queso Mozzarella debe estar derretido y burbujeante.

9. Retire las rejillas de flujo de aire del horno de la freidora de aire. Cierre los sándwiches y sírvalos.

**Nutrición:** Calorías: 122 Proteínas: 15g Grasas: 6g

# Pollo Rochambeau con Salsa de Setas

Tiempo de preparación: 25 minutos
Tiempo de cocción: 30 minutos
Porción: 4

## Ingredientes

- 1 cucharada de mantequilla derretida
- 31g de harina para todo uso
- 4 filetes de pollo, cortados por la mitad en sentido transversal
- 4 lonchas de jamón, de medio centímetro de grosor, lo suficientemente grandes como para cubrir un panecillo inglés
- 2 panecillos ingleses partidos por la mitad
- Sal y pimienta negra molida, al gusto
- Spray para cocinar

## Salsa de setas:

- 2 cucharadas de mantequilla
- 30g de champiñones picados
- 37g de cebollas verdes picadas
- 2 cucharadas de harina
- 250ml de caldo de pollo
- 1½ cucharaditas de salsa Worcestershire
- ¼ de cucharadita de ajo en polvo

## Indicaciones

1. Poner la mantequilla en un molde para hornear. Mezclar la harina, la sal y la pimienta negra molida en un plato llano. Pasa los filetes de pollo por encima para cubrirlos bien.

2. Disponer el pollo en la bandeja de horno y darle la vuelta para cubrirlo con la mantequilla derretida.

3. Introduzca la bandeja en el horno de la freidora de aire. Pulse el botón de encendido. Cocine a 390°F (199°C) durante 10 minutos.

4. Dale la vuelta a las carnes a mitad de camino.

5. Cuando la cocción esté completa, los jugos de los filetes de pollo deben salir claros.

6. Mientras tanto, hacer la salsa de champiñones: derretir 2 cucharadas de mantequilla en un cazo a fuego medio-alto.

7. Incorporar los champiñones y las cebollas a la cacerola y saltear durante 3 minutos o hasta que las cebollas estén translúcidas.

8. Mezclar suavemente la harina, el caldo, la salsa Worcestershire y el ajo en polvo hasta que quede suave.

9. Reducir el fuego a bajo y cocinar a fuego lento durante 5 minutos o hasta que tenga una consistencia espesa. Reservar la salsa hasta el momento de servir.

10. Cuando termine la cocción, retire la bandeja del horno de la freidora de aire y coloque las lonchas de jamón en las rejillas de flujo de aire.

11. Cocine durante 5 minutos. Dar la vuelta a las lonchas de jamón a mitad de camino.

12. Cuando la cocción haya finalizado, las lonchas de jamón deben estar bien calientes.

13. Retirar las lonchas de jamón del horno de la freidora de aire y colocar en las mitades de panecillos ingleses y calentar durante 1 minuto.

14. Extienda cada loncha de jamón sobre cada mitad de panecillo y, a continuación, coloque cada ternera de pollo sobre la loncha de jamón.

15. Transfiera al horno de la freidora de aire durante 2 minutos.
16. Servir con la salsa por encima.

**Nutrición:** Calorías: 175 Proteínas: 12g Grasas: 6,7g

# Schnitzel de pollo

Tiempo de preparación: 15 minutos
Tiempo de cocción: 5 minutos
Porción: 4

## Ingredientes

- 62g de harina común
- 1 cucharadita de mejorana
- ½ cucharadita de tomillo
- 1 cucharadita de copos de perejil seco
- ½ cucharadita de sal
- 1 huevo
- 1 cucharadita de zumo de limón
- 1 cucharadita de agua
- 126g de pan rallado
- 4 filetes de pollo, machacados finamente, cortados por la mitad a lo largo
- Spray para cocinar

## Indicaciones

1. Rocíe las rejillas de flujo de aire con spray de cocina.
2. Combine la harina, la mejorana, el tomillo, el perejil y la sal en un plato llano. Remover para mezclar bien.
3. Batir el huevo con el zumo de limón y el agua en un bol grande. Verter el pan rallado en un plato llano aparte.
4. Pasar las mitades de pollo primero por la mezcla de harina, luego por la mezcla de huevo y después por el pan rallado para cubrirlas bien. Sacudir el exceso.

5. Colocar las mitades de pollo en las rejillas de ventilación y rociarlas con spray de cocina por ambos lados.

6. Deslice las rejillas en el horno de la freidora de aire. Pulse el botón de encendido. Cocine a 390°F (199°C) durante 5 minutos.

7. Voltee las mitades a mitad de camino.

8. Al finalizar la cocción, las mitades de pollo deben estar doradas y crujientes.

9. Servir inmediatamente.

**Nutrición:** Calorías: 133 Proteínas: 19g Grasas: 12g

# Pollo Shawarma

Tiempo de preparación: 10 minutos
Tiempo de cocción: 18 minutos
Porción: 4

## Ingredientes

- 1½ lb. (680 g) de muslos de pollo
- 1¼ cucharadita de sal kosher, dividida
- 2 cucharadas más 1 cucharadita de aceite de oliva, divididas
- 197g más 2 cucharadas de yogur griego natural, divididas
- 2 cucharadas de zumo de limón recién exprimido (aproximadamente 1 limón mediano)
- 4 dientes de ajo picados, divididos
- 1 cucharada de condimento para shawarma
- 4 panes de pita, cortados por la mitad
- 211g de tomates cherry
- ½ pepino pequeño, pelado, sin semillas y picado
- 1 cucharada de perejil fresco picado

## Indicaciones

1. Sazona los muslos de pollo por ambos lados con 1 cucharadita de sal kosher. Colócalos en una bolsa de plástico resellable y resérvalos mientras preparas la marinada.

2. En un cuenco pequeño, mezclar 2 cucharadas de aceite de oliva, 2 cucharadas de yogur, el zumo de limón, 3 dientes de ajo y el condimento Shawarma hasta que estén bien combinados. Vierta la marinada sobre el pollo. Envuelva la bolsa, exprimiendo todo el aire posible. Y masajear el pollo para cubrirlo con la salsa. Reservar.

3. Envolver 2 panes de pita cada uno en dos trozos de papel de aluminio y colocarlos en una bandeja de horno.
4. Introduce la bandeja en el horno de la freidora de aire. Pulse el botón de encendido. Cocine a 300°F (150°C) durante 6 minutos.
5. Después de 3 minutos, retire del horno de la freidora de aire y dé la vuelta a los paquetes de papel de aluminio. Vuelva a colocar la freidora en el horno y continúe la cocción. Cuando termine la cocción, retire del horno de la freidora de aire y coloque las pitas envueltas en papel de aluminio en la parte superior del horno de la freidora de aire para mantenerlas calientes.
6. Saque el pollo de la marinada, dejando que el exceso gotee en la bolsa. Colóquelos en la bandeja de hornear. Coloque los tomates alrededor de los lados del pollo. Desechar la marinada.
7. 7. Introducir la bandeja en el horno de la freidora. Cocine durante 12 minutos.
8. Después de 6 minutos, sacar del horno de la freidora y dar la vuelta al pollo. Vuelva a introducirlo en el horno de la freidora de aire y continúe la cocción.
9. Envolver el pepino en una toalla de papel para eliminar la mayor cantidad de humedad posible. Colóquelos en un bol pequeño. Añadir el resto del yogur, la sal kosher, el aceite de oliva, el diente de ajo y el perejil. Batir hasta que se combinen.
10. Sacar la sartén del horno de la freidora de aire y colocar el pollo en una tabla de cortar. Cortar cada muslo en varios trozos. Desenvolver las pitas. Untar una cucharada de salsa en una mitad de pita. Añade un poco de pollo y agrega 2 tomates asados. Servir.

**Nutrición:** Calorías: 199 Proteínas: 22g Grasas: 6g

# Pinchos de pollo caseros

Tiempo de preparación: 17 minutos
Tiempo de cocción: 10 minutos
Porción: 4

## Ingredientes

- 1 lb. (454 g) de pechuga de pollo, cortada en trozos de 4 cm
- 1 pimiento verde, sin semillas y cortado en trozos de 2.5 cm
- 1 pimiento rojo, sin semillas y cortado en trozos de 2.5 cm
- 1 cebolla grande, cortada en trozos grandes
- 2 cucharadas de condimento para fajitas
- 3 cucharadas de aceite vegetal, divididas
- 2 cucharaditas de sal kosher, divididas
- 220g de maíz, escurrido
- ¼ de cucharadita de ajo granulado
- 1 cucharadita de jugo de limón recién exprimido
- 1 cucharada de mayonesa
- 3 cucharadas de queso parmesano rallado

## Indicaciones

1. Colocar el pollo, los pimientos y la cebolla en un bol grande. Añade el condimento para fajitas, 2 cucharadas de aceite vegetal y 1½ cucharaditas de sal kosher. Revuelva para cubrir uniformemente.
2. Alterne el pollo y las verduras en las brochetas, haciendo unas 12 brochetas.
3. Coloque el maíz en un bol mediano y añada el aceite vegetal restante. Añada el resto de la sal kosher y el ajo, y revuelva para

cubrir. Coloque el maíz en una capa uniforme en una bandeja para hornear y coloque las brochetas encima.

4. Deslice la bandeja en el horno de la freidora de aire. Pulse el botón de encendido. Cocine a 375°F (190°C) durante 10 minutos.

5. Después de unos 5 minutos, retire del horno de la freidora de aire y gire las brochetas. Vuelva a colocarlas en el horno de la freidora y continúe la cocción.

6. Cuando termine la cocción, retire del horno de la freidora. Coloque las brochetas en una fuente. Vuelva a poner el maíz en el bol y combínelo con el zumo de lima, la mayonesa y el queso parmesano. Remueve para mezclar bien. Sirve las brochetas con el maíz.

**Nutrición:** Calorías: 166 Proteínas: 17g Grasas: 11g

# Muslos de pollo en gofres

Tiempo de preparación: 1 hora y 20 minutos
Tiempo de cocción: 20 minutos
Porción: 4

**Ingredientes**
Para el pollo:

- 4 muslos de pollo con piel
- 250ml de suero de leche bajo en grasa
- 62g de harina para todo uso
- ½ cucharadita de ajo en polvo
- ½ cucharadita de mostaza en polvo
- 1 cucharadita de sal kosher
- ½ cucharadita de pimienta negra recién molida
- 90g de miel, para servir
- Spray para cocinar

**Para los gofres:**
- 62g de harina de uso general
- 62g de harina integral de repostería
- 1 huevo grande, batido
- 250ml de suero de leche bajo en grasa
- 1 cucharadita de polvo de hornear
- 2 cucharadas de aceite de canola
- ½ cucharadita de sal kosher
- 1 cucharada de azúcar granulada

**Indicaciones**
1. Combine los muslos de pollo con el suero de leche en un bol grande. Envuelve el bol en plástico y refrigera para que se marine durante al menos una hora.

2. Rocíe las rejillas de flujo de aire con spray de cocina.

3. Combine la harina, la mostaza en polvo, el ajo en polvo, la sal y la pimienta negra en un plato llano. Remover para mezclar bien.

4. Saque los muslos del suero de leche y séquelos con toallas de papel. Reservar el bol de suero de leche.

5. Sumergir los muslos primero en la mezcla de harina, luego en el suero de leche y después en la mezcla de harina. Sacudir el exceso.

6. Colocar los muslos en las rejillas de ventilación y rociar con el spray de cocina.

7. Deslice las rejillas en el horno de la freidora de aire. Pulse el botón de encendido. Cocine a 360°F (182°C) durante 20 minutos.

8. Dar la vuelta a los muslos a mitad de camino.

9. Cuando la cocción esté completa, un termómetro de lectura instantánea insertado en la parte más gruesa de los muslos de pollo debe registrar al menos 165°F (74°C).

10. Mientras tanto, prepare los gofres: combine los ingredientes para los gofres en un bol grande. Remover para mezclar bien, luego disponer la mezcla en una gofrera y cocinar hasta que se forme un gofre dorado y fragante.

11. Sacar los gofres de la gofrera y cortarlos en 4 trozos. Sacar los muslos de pollo del horno de la freidora de aire y dejar que se enfríen durante 5 minutos.

12. Colocar cada muslo de pollo en cada trozo de gofre y rociar con 1 cucharada de miel. Servir caliente.

**Nutrición:** Calorías: 188 Proteínas: 21g Grasas: 9g

# Muslos de pollo con ensalada de rábano

Tiempo de preparación: 10 minutos
Tiempo de cocción: 27 minutos
Porción: 4

## Ingredientes

- 4 muslos de pollo con hueso y piel
- 1½ cucharadita de sal kosher, dividida
- 1 cucharada de pimentón ahumado
- ½ cucharadita de ajo granulado
- ½ cucharadita de orégano seco
- ¼ cucharadita de pimienta negra recién molida
- 135g de col rallada
- ½ cebolla roja pequeña, cortada en rodajas finas
- 4 rábanos grandes, cortados en juliana
- 3 cucharadas de vinagre de vino tinto
- 2 cucharadas de aceite de oliva
- Spray para cocinar

## Indicaciones

1. Espolvorear la sal en los muslos de pollo por ambos lados con 1 cucharadita de sal kosher. En un bol pequeño, combine el pimentón, el ajo, el orégano y la pimienta negra. Espolvorear la mitad de esta mezcla sobre los lados de la piel de los muslos. Rocíe una bandeja para hornear con aceite en aerosol y coloque los muslos con la piel hacia abajo en la bandeja. Espolvorear el resto de la mezcla de especias sobre los otros lados de los trozos de pollo.

2. Introduzca la bandeja en el horno de la freidora de aire. Pulse el botón de encendido. Cocine a 375°F (190°C) durante 27 minutos.

3. Después de 10 minutos, retire del horno de la freidora de aire y dé la vuelta a los muslos de pollo. Vuelva a introducirlos en el horno de la freidora y continúe la cocción.

4. Mientras el pollo se cocina, coloca la col, la cebolla y los rábanos en un bol grande. Espolvorear con el resto de la sal kosher, el vinagre y el aceite de oliva. Mezclar para cubrir.

5. Después de otros 9 a 10 minutos, retire del horno de la freidora de aire y coloque los muslos de pollo en una tabla de cortar. Colocar la mezcla de col en la sartén y mezclar con la grasa del pollo y las especias.

6. Coloque la col en una capa uniforme en la sartén y ponga el pollo sobre ella, con la piel hacia arriba. Vuelva a ponerlo en el horno de la freidora de aire y continúe la cocción. Asar durante otros 7 u 8 minutos.

7. Cuando termine la cocción, la col estará empezando a estar tierna. Retirar del horno de la freidora. Probar y ajustar la sazón si es necesario. Servir.

**Nutrición:** Calorías: 187 Proteínas: 21g Grasas: 11g

# Pollo con espárragos, judías y rúcula

Tiempo de preparación: 20 minutos
Tiempo de cocción: 25 minutos
Porción: 2

## Ingredientes

- 200g de judías cannellini en lata, enjuagadas
- 1½ cucharadas de vinagre de vino tinto
- 1 diente de ajo picado
- 2 cucharadas de aceite de oliva virgen extra, divididas
- Sal y pimienta negra molida, al gusto
- ½ cebolla roja, cortada en rodajas finas
- 8 onzas (227 g) de espárragos, recortados y cortados en longitudes de 2.5cm
- 2 (8 onzas / 227 g) pechugas de pollo deshuesadas y sin piel, recortadas
- ¼ de cucharadita de pimentón
- ½ cucharadita de cilantro molido
- 2 onzas (57 g) de rúcula pequeña, enjuagada y escurrida

## Indicaciones

1. Calentar las judías en el microondas durante 1 minuto y combinarlas con el vinagre de vino tinto, el ajo, 1 cucharada de aceite de oliva, ¼ de cucharadita de sal y ¼ de cucharadita de pimienta negra molida en un bol. Remover para mezclar bien.
2. Combinar la cebolla con 1/8 de cucharadita de sal, 1/8 de cucharadita de pimienta negra molida y 2 cucharaditas de aceite de oliva en un bol aparte. Remover para cubrir bien.

3. Colocar la cebolla en las rejillas de flujo de aire.

4. Deslice las rejillas en el horno de la freidora de aire. Pulse el botón de encendido. Cocine a 400°F (205°C) durante 2 minutos.

5. Después de 2 minutos, añada los espárragos durante 8 minutos. Revuelva la verdura a mitad de camino.

6. Al terminar la cocción, los espárragos deben estar tiernos.

7. Pasar la cebolla y los espárragos al bol con las judías. Apartar.

8. Mezclar las pechugas de pollo con el resto de ingredientes, excepto la rúcula baby, en un bol grande.

9. Colocar las pechugas de pollo en las rejillas de flujo de aire. Deslice las rejillas en el horno de la freidora de aire. Cocine durante 14 minutos. Dar la vuelta a las pechugas a mitad de camino.

10. Al finalizar la cocción, la temperatura interna del pollo alcanza al menos 165°F (74°C).

11. Retirar el pollo del horno de la freidora de aire y servirlo en un papel de aluminio con los espárragos, las judías, la cebolla y la rúcula. Espolvorear con sal y pimienta negra molida. Mezclar para servir.

**Nutrición:** Calorías: 166 Proteínas: 19g Grasas: 9g

# Pollo con patatas y maíz

Tiempo de preparación: 10 minutos
Tiempo de cocción: 25 minutos
Porción: 4

**Ingredientes**

- 4 muslos de pollo con hueso y piel
- 2 cucharaditas de sal kosher, divididas
- 250ml de mezcla para hornear Bisquick
- 119g de mantequilla derretida, dividida
- 1 libra (454 g) de patatas rojas pequeñas, cortadas en cuartos
- 3 mazorcas de maíz, desgranadas y cortados en rondas de 2 a 4 cm de grosor
- 83g de nata para montar
- ½ cucharadita de pimienta negra recién molida

**Indicaciones**

1. Sazone el pollo por todos los lados con 1 cucharadita de sal kosher. Coloque la mezcla para hornear en un plato poco profundo. Unte los muslos por todos los lados con 59g de mantequilla y luego páselos por la mezcla para hornear, cubriéndolos por todos los lados. Coloque el pollo en el centro de un molde para hornear.

2. Colocar las patatas en un bol grande con 2 cucharadas de mantequilla y mezclarlas para cubrirlas. Colócalas a un lado del pollo en la sartén.

3. Colocar el maíz en un bol mediano y rociar con la mantequilla restante. Espolvorear con ¼ de cucharadita de sal kosher y remover para cubrir. Colocar en la sartén en el otro lado del pollo.

4. Deslice la sartén en el horno de la freidora de aire. Pulse el botón de encendido. Cocine a 375°F (190°C) durante 25 minutos.

5. Después de 20 minutos, retire del horno de la freidora de aire y transfiera las patatas de nuevo al recipiente. Vuelva a colocar el recipiente en el horno de la freidora de aire y continúe la cocción.

6. Mientras el pollo se sigue cocinando, añadir a las patatas la nata, la pimienta negra y el resto de la sal kosher. Aplastar ligeramente las patatas con un pasapurés.

7. Cuando la cocción esté completa, el maíz debe estar tierno y el pollo cocido, con una lectura de 165°F (74°C) en un termómetro de carne. Saque la sartén del horno de la freidora de aire y sirva el pollo con el puré de patatas y el maíz a un lado.

**Nutrición:** Calorías: 199 Proteínas: 24g Grasas: 6g

# RECETAS CON CARNE DE RES

# Bulgogi de ternera con cebollas y sésamo

Tiempo de preparación: 10 minutos

Tiempo de cocción: 5 minutos

Porción: 4

## Ingredient

- 80ml de salsa de soja
- 2 cucharadas de aceite de sésamo
- 2½ cucharadas de azúcar moreno
- 3 dientes de ajo picados
- ½ cucharadita de pimienta negra recién molida
- 1 libra (454 g) de filete de costilla, cortado en rodajas finas
- 2 cebolletas, cortadas en rodajas finas, para decorar
- Semillas de sésamo tostadas, para decorar

## Indicaciones

1. En un cuenco pequeño, bata la salsa de soja, el aceite de sésamo, el azúcar moreno, el ajo y la pimienta negra hasta que estén completamente combinados.
2. Colocar la carne en un recipiente grande y poco profundo, y verter la salsa sobre las rebanadas. Tapar y refrigerar durante 1 hora.
3. Introduzca la rejilla de la parrilla y cierre la tapa. Seleccione GRILL, ajuste la temperatura a MEDIA, y ajuste el tiempo a 5 minutos. Seleccione START/STOP para comenzar el precalentamiento.

4. Cuando el aparato emita un pitido para indicar que se ha precalentado, coloque la carne en la parrilla. Cierre la campana y cocine durante 4 minutos sin darle la vuelta.
5. Después de 4 minutos, compruebe que el filete está en el punto deseado, cocinándolo hasta 1 minuto más, si lo desea.
6. Una vez terminada la cocción, cubra con cebolletas y semillas de sésamo y sirva inmediatamente.

**Nutrición:** Calorías: 321 Grasas: 9g Proteínas: 24g

# Subs de albóndigas y queso

Tiempo de preparación: 10 minutos

Tiempo de cocción: 10 minutos

Porción: 4

## Ingredientes

- 1 huevo grande
- 60ml de leche entera
- 24 galletas saladas, trituradas pero no pulverizadas
- 1 libra (454 g) de carne picada de ternera
- 1 libra (454 g) de salchicha italiana, sin tripas
- 4 cucharadas de queso parmesano rallado, dividido
- 1 cucharadita de sal kosher o ½ cucharadita de sal fina
- 4 panecillos tipo hoagie o sub, partidos
- 230g de salsa marinara
- 71g de queso mozzarella rallado

## Indicaciones

1. En un recipiente grande, bata el huevo con la leche y luego incorpore las galletas. Dejar reposar durante 5 minutos para que se hidraten.
2. Con las manos, rompa la carne picada y la salchicha en la mezcla de leche, alternando la carne y la salchicha. Cuando hayas añadido la mitad de la carne, espolvorea 2 cucharadas de parmesano rallado y la sal por encima, y sigue rompiendo la carne hasta que esté toda en el bol. Mezclar todo con cuidado.

Intenta no trabajar demasiado la carne, pero que quede todo combinado.

3. Formar la mezcla en bolas del tamaño de una pelota de golf. Deberían salir unas 24 albóndigas. Aplastar las bolas ligeramente para evitar que rueden y colocarlas en la bandeja, separadas unos 5 cm.

4. Selecciona AIR ROAST (Asado al aire), ajusta la temperatura a 205°C (400°F) y el tiempo a 20 minutos. Selecciona START/PAUSE para comenzar el precalentamiento.

5. Una vez que la unidad se haya precalentado, deslice la bandeja dentro del horno.

6. Transcurridos 10 minutos, retire la bandeja del horno y dé la vuelta a las albóndigas. Vuelva a introducir la bandeja en el horno y continúe la cocción.

7. Una vez terminada la cocción, retire la bandeja del horno. Colocar las albóndigas en una rejilla. Limpiar la sartén (no tiene que estar completamente limpia; sólo hay que quitar la grasa de las albóndigas. Si no puedes evitarlo, puedes lavarla).

8. Abre los panecillos, con el lado cortado hacia arriba, en la sartén. Coloca de 3 a 4 albóndigas en la base de cada panecillo, y cubre cada sándwich con 59g de salsa marinara. Repartir la mozzarella entre las mitades superiores de los panecillos y espolvorear las 2 cucharadas restantes de queso parmesano sobre la mozzarella.

9. Seleccione AIR BROIL, ajuste la temperatura a HIGH y el tiempo a 4 minutos. Selecciona START/PAUSE para comenzar el precalentamiento.

10. Una vez que el aparato se haya precalentado, introduce la bandeja en el horno. Compruebe los sándwiches después de 2

minutos; el queso Mozzarella debe estar derretido y burbujeando ligeramente.

11. Cuando la cocción haya terminado, retire la bandeja del horno. Cierre los sándwiches y sírvalos.

**Nutrición:** Calorías: 347 Grasas: 14g Proteínas: 46g

# Satay de ternera frita al aire con salsa de cacahuete

Tiempo de preparación: 30 minutos

Tiempo de cocción: 5 minutos

Porción: 4

## Ingredientes

- 8 onzas (227 g) de London broil, cortado en 8 tiras
- 2 cucharaditas de curry en polvo
- ½ cucharadita de sal kosher
- Spray de cocina
- Salsa de cacahuete para mojar
- 2 cucharadas de mantequilla de cacahuete cremosa
- 1 cucharada de salsa de soja reducida en sodio
- 2 cucharaditas de vinagre de arroz
- 1 cucharadita de miel
- 1 cucharadita de jengibre rallado

## Indicaciones

1. Rocíe la cesta de freír con aire con spray de cocina.
2. En un bol, coloca las tiras de London broil y espolvorea con el curry en polvo y la sal kosher para sazonar. Ensarta las tiras en las brochetas empapadas.
3. Coloca las brochetas en la cesta preparada y rocía con spray de cocina.

4. Seleccione Air Fry, Super Convection. Ajuste la temperatura a 360°F (182°C) y el tiempo a 5 minutos. Pulsa Start/Stop para comenzar el precalentamiento.
5. Una vez precalentado, coloque la cesta en la posición de freír al aire. Dale la vuelta a la carne a mitad del tiempo de cocción.
6. Al finalizar la cocción, la carne debe estar bien dorada.
7. Mientras tanto, mezcle la mantequilla de cacahuete, la salsa de soja, el vinagre de arroz, la miel y el jengibre en un bol para hacer la salsa para mojar.
8. Pasar la carne a los platos de servir y dejar reposar durante 5 minutos. Servir con la salsa de cacahuete al lado.

**Nutrición:** Calorías: 333 Grasas: 12g Proteínas: 43g

# Pastel de carne con salsa de tomate

Tiempo de preparación: 15 minutos

Tiempo de cocción: 25 minutos

Porción: 4

## Ingredientes

- 1½ libras (680 g) de carne picada
- 238g de salsa de tomate
- 62g de pan rallado
- 2 claras de huevo
- 47g de queso parmesano rallado
- 1 cebolla picada
- 2 cucharadas de perejil picado
- 2 cucharadas de jengibre picado
- 2 dientes de ajo picados
- ½ cucharadita de albahaca seca
- 1 cucharadita de pimienta de cayena
- Sal y pimienta negra molida, al gusto
- Spray para cocinar

## Indicaciones

1. Rocía un molde para pastel de carne con aceite en aerosol.
2. Combinar todos los ingredientes en un bol grande. Remover para mezclar bien.
3. Verter la mezcla de carne en el molde para pastel de carne preparado y presionar con una espátula para que quede firme.

4. Selecciona Bake, Super Convection, ajusta la temperatura a 360°F (182°C) y el tiempo a 25 minutos. Pulsa Start/Stop para comenzar el precalentamiento.
5. Una vez precalentado, coloque el molde en la posición de horneado.
6. Al finalizar la cocción, la carne debe estar bien dorada.
7. Servir inmediatamente.

**Nutrición:** Calorías: 311 Grasas: 19g Proteínas: 41g

# Albóndigas de ternera con salsa marinera picante

Tiempo de preparación: 5 minutos
Tiempo de cocción: 8 minutos
Porción: 4

**Ingredientes**

- 1 libra (454 g) de carne de solomillo molida sin grasa
- 2 cucharadas de pan rallado sazonado
- ¼ de cucharadita de sal kosher
- 1 huevo grande, batido
- 230g de salsa marinara, para servir
- Spray para cocinar

**Indicaciones**

1. Rocíe la cesta de freír con aire con spray de cocina.
2. Mezclar todos los ingredientes, excepto la salsa marinara, en un bol hasta que estén bien mezclados. Forme con la mezcla dieciséis albóndigas.
3. Colocar las albóndigas en la cesta preparada y rociar con spray de cocina.
4. Seleccione Air Fry, Super Convection. Ajuste la temperatura a 360°F (182°C) y el tiempo a 8 minutos. Pulsa Start/Stop para comenzar el precalentamiento.
5. Una vez precalentado, coloque la cesta en la posición de freír al aire. Dale la vuelta a las albóndigas a mitad de camino.
6. Al finalizar la cocción, las albóndigas deben estar bien doradas.
7. Repartir las albóndigas en cuatro platos y servirlas calientes con la salsa marinera.

**Nutrición:** Calorías: 364 Grasas: 19g Proteínas: 27g

# Filetes de ternera con costra de alcaravea

Tiempo de preparación: 5 minutos
Tiempo de cocción: 10 minutos
Porción: 4

## Ingredientes

- 4 filetes de ternera
- 2 cucharaditas de semillas de alcaravea
- 2 cucharaditas de ajo en polvo
- Sal marina y pimienta de cayena, al gusto
- 1 cucharada de mantequilla derretida
- 33g de harina de almendra
- 2 huevos batidos

## Indicaciones

1. Añade los filetes de ternera a un bol grande y mézclalos con las semillas de alcaravea, el ajo en polvo, la sal y la pimienta hasta que estén bien cubiertos.
2. Mezcle la mantequilla derretida y la harina de almendras en un bol. Batir los huevos en otro bol.
3. Rebozar los filetes sazonados en los huevos y luego sumergirlos en la mezcla de almendras y mantequilla.
4. Disponga los filetes recubiertos en la cesta de freír al aire.
5. Seleccione Air Fry, Super Convection. Ajuste la temperatura a 355°F (179°C) y el tiempo a 10 minutos. Pulse Start/Stop para comenzar el precalentamiento.

6. Una vez precalentado, coloque la cesta en la posición de freír al aire. Dale la vuelta a los filetes una vez a mitad de camino para asegurar una cocción uniforme.

7. Cuando la cocción esté completa, la temperatura interna de los filetes de carne debe alcanzar al menos 145°F (63°C) en un termómetro de carne.

8. Pase los filetes a los platos. Deje enfriar durante 5 minutos y sirva caliente.

**Nutrición:** Calorías: 327 Grasas: 18g Proteínas: 34g

# Mignons de filetes envueltos en tocino

Tiempo de preparación: 10 minutos
Tiempo de cocción: 13 minutosPorción: 8

**Ingredientes**

- 1 onza (28 g) de hongos porcini secos
- ½ cucharadita de azúcar blanco granulado
- ½ cucharadita de sal
- ½ cucharadita de pimienta blanca molida
- 8 (4 onzas / 113 g) filetes mignons o filetes de lomo de ternera
- 8 tiras finas de tocino

**Indicaciones**

1. Poner los champiñones, el azúcar, la sal y la pimienta blanca en un molinillo de especias y moler para combinar.
2. En una superficie de trabajo limpia, frote los filetes mignons con la mezcla de champiñones y, a continuación, envuelva cada filete con una tira de tocino. Asegurar con palillos si es necesario. Disponga los filetes mignons envueltos en tocino en la cesta de freír al aire, con la costura hacia abajo.
3. Seleccione Air Fry, Super Convection. Ajuste la temperatura a 205°C (400°F) y el tiempo a 13 minutos. Pulsa Start/Stop para comenzar el precalentamiento.
4. Una vez precalentado, coloque la cesta en la posición de freír al aire. Dale la vuelta a los filetes a mitad de camino.
5. Cuando la cocción esté completa, los filetes deben estar poco hechos.
6. Servir inmediatamente.

**Nutrición:** Calorías: 351 Grasa: 15g Proteína: 56g

# Stroganoff de ternera y champiñones al aire libre

Tiempo de preparación: 15 minutos
Tiempo de cocción: 14 minutos
Porción: 4

**Ingredientes**

- 1 libra (454 g) de filete de ternera, cortado en rodajas finas
- 8 onzas (227 g) de champiñones, en rodajas
- 1 cebolla entera, picada
- 500ml de caldo de carne
- 259g de crema agria
- 4 cucharadas de mantequilla derretida
- 140g de fideos de huevo cocidos

**Indicaciones**

1. Combine los champiñones, la cebolla, el caldo de carne, la crema agria y la mantequilla en un bol hasta que estén bien mezclados. Añade el filete de ternera a otro bol.

2. Repartir la mezcla de champiñones sobre el filete y dejar marinar durante 10 minutos.

3. Vierta el bistec marinado en una bandeja para hornear.

4. Seleccione Horneado, Superconvección, ajuste la temperatura a 205°C (400°F) y el tiempo a 14 minutos. Pulsa Start/Stop para comenzar el precalentamiento.

5. Una vez precalentado, coloque la bandeja en la posición de horneado. Dale la vuelta al filete a mitad del tiempo de cocción.

6. Cuando termine la cocción, el filete debe estar dorado y las verduras deben estar tiernas.

7. Servir caliente con los fideos de huevo cocidos.

**Nutrición:** Calorías: 361 Grasas: 17g Proteínas: 42g

# RECETAS CON CARNE DE CERDO

# Chuletas de cerdo fritas crujientes al estilo sureño

Tiempo de preparación: 10 minutos
Tiempo de cocción: 25 minutos
Raciones: 4

**Ingredientes:**

- 62g de harina común
- 125ml de suero de leche bajo en grasa
- ½ cucharadita de pimienta negra
- ½ cucharadita de salsa Tabasco
- 1 cucharadita de pimentón
- 3 chuletas de cerdo con hueso

**Indicaciones:**

1. Preparar los ingredientes. Poner el suero de leche y la salsa picante en una bolsa Ziploc y añadir las chuletas de cerdo. Dejar marinar durante al menos una hora en la nevera.
2. En un bol, combinar la harina, el pimentón y la pimienta negra.
3. Sacar la carne de cerdo de la bolsa Ziploc y pasarla por la mezcla de harina.
4. Precalentar la freidora de aire a 198°C.
5. Rocíe las chuletas de cerdo con aceite de cocina.
6. Freír al aire. Coloque en la cesta de la freidora de aire y cocine durante 25 minutos.

**Nutrición:** Calorías 427 Grasas: 21,2g Proteínas: 46.4g

# Quesadilla de cerdo frito

Tiempo de preparación: 10 minutos
Tiempo de cocción: 12 minutos
Raciones: 2

**Ingredientes:**

- Dos tortillas de maíz o harina de 15 centímetros
- 1 paleta de cerdo mediana, de aproximadamente 113g, en rodajas
- ½ cebolla blanca mediana, cortada en rodajas
- ½ pimiento rojo mediano, cortado en rodajas
- ½ pimiento verde mediano, en rodajas
- ½ pimiento amarillo mediano, en rodajas
- 59g de queso pepper-jack rallado
- 59g de queso mozzarella rallado

**Indicaciones:**

1. Preparar los ingredientes. Precalentar la freidora de aire POWER a 176 grados C.

2. En el horno a fuego alto durante 20 minutos, ase la carne de cerdo, la cebolla y los pimientos en papel de aluminio en la misma sartén, permitiendo que la humedad de las verduras y el jugo de la carne de cerdo se mezclen. Saque del horno la carne de cerdo y las verduras en papel de aluminio. Mientras se enfrían, espolvoree la mitad del queso rallado sobre una de las tortillas, luego cubra con los trozos de cerdo, las cebollas y los pimientos, y luego coloque el resto del queso rallado. Cubra con la segunda tortilla. Colocar directamente sobre la superficie caliente de la cesta de la freidora de aire POWER.

3. Freír al aire. Ajuste el temporizador de la freidora de aire POWER para 6 minutos. Después de 6 minutos, cuando la freidora de aire POWER se apague, déle la vuelta a las tortillas por el otro lado con una espátula; el queso debe estar lo suficientemente derretido como para que no se deshaga, ¡pero tenga cuidado de todos modos de no derramar ningún aderezo!

4. Vuelve a poner la freidora de aire POWER a 176 grados C durante otros 6 minutos.

5. Después de 6 minutos, cuando la freidora de aire se apague, las tortillas deben estar doradas y crujientes, y la carne de cerdo, la cebolla, los pimientos y el queso estarán crujientes, calientes y deliciosos. Retirar con unas pinzas y dejar reposar en un plato de servir para que se enfríe durante unos minutos antes de cortar en rodajas.

**Nutrición:** Calorías 309 Grasa: 11g Proteína: 21g

# Maravilloso Wonton de Cerdo

Tiempo de preparación: 10 minutos
Tiempo de cocción: 25 minutos
Raciones: 3

## Ingredientes:

- 8 envoltorios de wanton (la marca Leasa funciona muy bien, aunque cualquiera sirve)
- 113g de carne de cerdo picada cruda
- 1 manzana verde de tamaño medio
- 250ml de agua, para mojar los envoltorios wanton
- 1 cucharada de aceite vegetal
- ½ cucharada de salsa de ostras
- 1 cucharada de salsa de soja
- Una pizca de pimienta blanca molida

## Indicaciones:

1. Preparar los ingredientes. Cubra la cesta de la freidora de aire POWER con un forro de papel de aluminio, dejando los bordes al descubierto para que el aire circule por la cesta. Precaliente la freidora de aire a 176 grados C.

2. En un bol pequeño, mezcle la salsa de ostras, la salsa de soja y la pimienta blanca, añada la carne de cerdo picada y remueva bien. Tápelo y póngalo a marinar en la nevera durante al menos 15 minutos. Descorazona la manzana y córtala en dados pequeños, más pequeños que los trozos de un bocado.

3. Añadir las manzanas a la mezcla de carne marinada y mezclar bien. Extienda los envoltorios de wonton y rellene cada uno con una cucharada grande del relleno. Envuelva los wontons en

triángulos, de manera que los envoltorios cubran completamente el relleno, y séllelos con una gota de agua.

4. Cubrir cada wonton relleno y envuelto con el aceite vegetal, para ayudar a asegurar una buena fritura crujiente. Coloque los wontons en la cesta de la freidora de aire forrada con papel de aluminio.

5. Freír al aire. Ajuste el temporizador de la freidora de aire POWER a 25 minutos. A mitad del tiempo de cocción, agite enérgicamente el asa de la cesta de la freidora de aire para sacudir los wontons y asegurar una fritura uniforme. Después de 25 minutos, cuando la freidora de aire POWER se apague, los wontons estarán crujientes y dorados por fuera y jugosos y deliciosos por dentro. Sírvalos directamente de la cesta de la freidora de aire POWER y disfrútelos mientras estén calientes.

**Nutrición:** Calorías: 273 Grasa: 10g Proteína: 20g

# Barbacoa de cerdo con cilantro y menta al estilo tailandés

Tiempo de preparación: 5 minutos
Tiempo de cocción: 15 minutos
Raciones: 3

## Ingredientes:

- 1 chile picante picado
- 1 chalote picado
- 453g de carne de cerdo molida
- 2 cucharadas de salsa de pescado
- 2 cucharadas de zumo de lima
- 3 cucharadas de albahaca
- 3 cucharadas de menta picada
- 3 cucharadas de cilantro

## Indicaciones:

1. Preparar los ingredientes. En un plato llano, mezclar bien todos los Ingredientes con las manos. Formar óvalos de una pulgada.
2. Ensartar los óvalos en las brochetas. Colocar en la rejilla de pinchos de la freidora de aire.
3. Freír al aire Durante 15 minutos, cocine a 182°C. A mitad del tiempo de cocción, voltee las brochetas. Si es necesario, cocine en tandas.
4. Servir y disfrutar.

**Nutrición:** Calorías 455 Grasas: 31,5g Proteínas: 40.4g

# Chuletas de cerdo toscanas

Tiempo de preparación: 10 minutos
Tiempo de cocción: 10 minutos
Raciones: 4

**Ingredientes:**

- 31g de harina de uso general
- 1 cucharadita de sal
- 3/4 de cucharadita de pimienta sazonada
- 4 chuletas de cerdo deshuesadas (de 2.5cm de grosor)
- 1 cucharada de aceite de oliva
- 3 ó 4 dientes de ajo
- 80ml de vinagre balsámico
- 80ml de caldo de pollo
- 3 tomates ciruela, sin semillas y cortados en dados
- 3 cucharadas de alcaparras

**Indicaciones:**

1. Preparar los ingredientes. Combinar la harina, la sal y la pimienta.
2. Presionar las chuletas de cerdo en la mezcla de harina por ambos lados hasta cubrirlas uniformemente.
3. Freír al aire. Cocine en su freidora de aire POWER a 182 grados C durante 14 minutos, dándole la vuelta a mitad de camino.
4. Mientras se cocinan las chuletas de cerdo, caliente el aceite de oliva en una sartén mediana.
5. Añada el ajo y saltee durante 1 minuto; luego mezcle el vinagre y el caldo de pollo.

6. Añadir las alcaparras y los tomates y poner a fuego alto.

7. Llevar la salsa a ebullición, removiendo regularmente, y luego añadir las chuletas de cerdo, cocinándolas durante un minuto.

8. Retirar del fuego y tapar durante unos 5 minutos para que el cerdo absorba parte de la salsa; servir caliente.

**Nutrición:** Calorías: 349 Grasas: 23g Proteínas: 20g

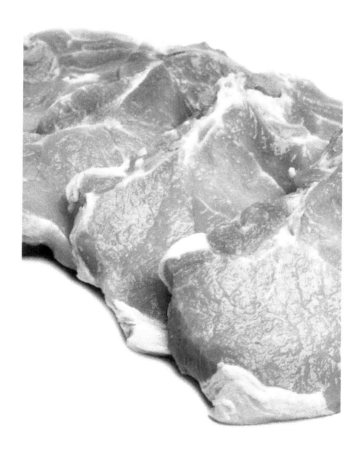

# Chuletas de cerdo empanadas con parmesano italiano

Tiempo de preparación: 5 minutos  Cocción: 25 minutos Raciones: 5

**Ingredientes:**

- 5 (100 a 142 gramos) chuletas de cerdo (con o sin hueso)
- 1 cucharadita de condimento italiano
- Sal para sazonar
- Pimienta
- 31g de harina para todo uso
- 2 cucharadas de pan rallado italiano
- 3 cucharadas de queso parmesano finamente rallado
- Aceite de cocina

**Indicaciones:**

1. Preparar los ingredientes. Sazona las chuletas de cerdo con el condimento italiano y sal y pimienta al gusto.
2. Espolvorear la harina por ambos lados de las chuletas de cerdo y, a continuación, pasar ambos lados por el pan rallado y el queso parmesano.
3. Freír al aire. Coloque las chuletas de cerdo en la freidora de aire. Puedes apilarlas. Rocíe las chuletas de cerdo con aceite de cocina. Cocine durante 6 minutos.
4. Abra la freidora de aire y dé la vuelta a las chuletas de cerdo. Cocine durante 6 minutos más.
5. Enfríe antes de servir. En lugar de sal para condimentar, puede utilizar aliños para pollo o cerdo para darle más sabor. Puede

encontrar estos aliños en el pasillo de las especias del supermercado.

**Nutrición:** Calorías: 334 Grasas: 7g Proteínas: 34g

# Cerdo asado crujiente con ajo y sal

Tiempo de preparación: 5 minutos
Tiempo de cocción: 45 minutos
Raciones: 4

**Ingredientes:**

- 1 cucharadita de polvo de cinco especias chinas
- 1 cucharadita de pimienta blanca
- 906g de panza de cerdo
- 2 cucharaditas de sal de ajo

**Indicaciones:**

1. Preparar los ingredientes. Precalentar la freidora de aire a 198°C.
2. Mezclar todas las especias en un bol para crear el aliño seco.
3. Marcar la piel de la panza de cerdo con un cuchillo y sazonar todo el cerdo con el aliño de especias.
4. Freír al aire. Colocar en la cesta de la freidora de aire y cocinar durante 40 a 45 minutos hasta que la piel esté crujiente.
5. Picar antes de servir.

**Nutrición:** Calorías: 785 Grasas: 80,7g Proteínas: 14,2g

# Cerdo Satay de Cacahuetes

Tiempo de preparación: 5 minutos
Tiempo de cocción: 12 minutos
Raciones: 5

## Ingredientes:

- 312g de filete de cerdo, cortado en tiras del tamaño de un bocado
- 4 Dientes de Ajo, machacados
- 1 cucharadita de jengibre en polvo
- 2 cucharadas de pasta de chile
- 2 cucharadas de salsa de soja dulce
- 2 cucharadas de aceite vegetal
- 1 Chalote, finamente picado
- 1 cucharadita de cilantro molido
- 180ml de leche de coco
- 36g de cacahuetes molidos

## Indicaciones:

1. Preparar los ingredientes. Mezclar la mitad del ajo en un plato con el jengibre, una cucharada de salsa de soja dulce y una cucharada de aceite. Incorpore la carne a la mezcla y déjela marinar durante 15 minutos
2. Precalentar la freidora de aire POWER a 198 grados C
3. Freír con aire. Coloque la carne marinada en la freidora de aire POWER. Ajuste el temporizador a 12 minutos y ase la carne hasta que esté dorada y hecha. Girar una vez mientras se asa.
4. Mientras tanto, prepare la salsa de cacahuetes calentando la cucharada de aceite restante en una sartén y salteando

suavemente la chalota con el ajo. Añadir el cilantro y freír hasta que esté fragante

5.  Mezclar la leche de coco y los cacahuetes con la pasta de chile y la salsa de soja restante con la mezcla de chalota y hervir suavemente durante 5 minutos, sin dejar de remover

6.  Rocíe sobre la carne cocida y sirva con arroz

**Nutrición:** Calorías: 349 Grasas: 23g Proteínas: 20g

RECETAS DE
PESCADO

# Camarones envueltos en tocino

Tiempo de preparación: 5 minutos

Tiempo de cocción: 5 minutos

Raciones: 4

## Ingredientes:

- 586g de camarones tigre, pelados y desvenados
- 453g de tocino

## Indicaciones:

1. Preparar los ingredientes. Envuelve cada gamba con una loncha de bacon.
2. Refrigerar durante unos 20 minutos.
3. Precalentar el horno de la freidora de aire XL a 198 grados C.
4. Freír al aire. Coloque las gambas en la rejilla/cesta del horno. Coloque la rejilla en el estante central del horno de la freidora de aire XL. Cocine durante unos 5-7 minutos.

**Nutrición:** Calorías 624 Grasas 43g Proteínas 70g

# Filetes de pescado con pimentón crujiente

Tiempo de preparación: 5 minutos

Tiempo de cocción: 19 minutos

Raciones: 4

## Ingredientes:

- 62g de pan rallado sazonado
- 1 cucharada de vinagre balsámico
- 1/2 cucharadita de sal sazonada
- 1 cucharadita de pimentón
- 1/2 cucharadita de pimienta negra molida
- 1 cucharadita de semillas de apio
- 2 filetes de pescado, cortados por la mitad
- 1 huevo batido

## Indicaciones:

1. Preparar los ingredientes. Añade el pan rallado, el vinagre, la sal, el pimentón, la pimienta negra molida y las semillas de apio a tu procesador de alimentos. Procesa durante unos 30 segundos.
2. Rebozar los filetes de pescado con el huevo batido; luego, pasarlos por la mezcla de pan rallado.
3. Freír al aire. Cocine a 176 grados C durante unos 15 minutos.

**Nutrición:** Calorías 884 Grasas 43g Proteínas 80g

# Salmón en la freidora

Tiempo de preparación: 5 minutos

Tiempo de cocción: 10 minutos

Raciones: 2

## Ingredientes:

- ½ cucharadita de sal
- ½ cucharadita de ajo en polvo
- ½ cucharadita de pimentón ahumado
- Salmón

## Indicaciones:

1. 1.	Preparar los ingredientes. Mezclar las especias y espolvorearlas sobre el salmón.
2. 2.	Colocar el salmón sazonado en el horno de la freidora de aire XL.
3. 3.	Freír con aire. Ajuste la temperatura a 200°C y el tiempo a 10 minutos.

**Nutrición:** Calorías: 185 Grasas: 11g Proteínas: 21g

# Camarones empanados dulces y salados

Tiempo de preparación: 5 minutos

Tiempo de cocción: 22 minutos

Raciones: 2

## Ingredientes:

- 226g de gambas frescas, peladas y enjuagadas
- 2 huevos crudos
- 63g de pan rallado (nos gusta el Panko, pero cualquier marca o receta casera servirá)
- ½ cebolla blanca, pelada y enjuagada y finamente picada
- 1 cucharadita de pasta de jengibre y ajo
- ½ cucharadita de cúrcuma en polvo
- ½ cucharadita de chile rojo en polvo
- ½ cucharadita de comino en polvo
- ½ cucharadita de pimienta negra en polvo
- ½ cucharadita de polvo de mango seco
- Pizca de sal

## Indicaciones:

1. Preparar los ingredientes. Cubra la cesta de la freidora de aire XL con un forro de papel de aluminio, dejando los bordes al descubierto para que el aire circule por la cesta.
2. Precaliente el horno de la freidora de aire XL a 176 grados.

3. En un bol grande, batir los huevos hasta que estén esponjosos y hasta que las yemas y las claras estén completamente combinadas.

4. Sumergir todas las gambas en la mezcla de huevos, sumergiéndolas completamente.

5. En un recipiente aparte, combinar el pan rallado con todos los ingredientes secos hasta que se mezclen uniformemente.

6. Uno a uno, rebozar los camarones cubiertos de huevo en la mezcla de ingredientes secos para que queden totalmente cubiertos, y colocarlos en la cesta de la freidora de aire forrada con papel de aluminio.

7. Freír al aire. Poner el temporizador de la freidora de aire en 20 minutos.

8. A mitad del tiempo de cocción, agite el mango de la freidora de aire para que las gambas empanadas se agiten en el interior y la cobertura de la fritura sea uniforme.

9. Al cabo de 20 minutos, cuando la freidora se apague, las gambas estarán perfectamente cocidas y su corteza empanada dorada y deliciosa. Con unas pinzas, sacarlas del horno de la freidora de aire y ponerlas en una fuente para que se enfríen.

**Nutrición:** Calorías 724 Grasas 37g Proteínas 72g

# Paella rápida

Tiempo de preparación: 7 minutos

Tiempo de cocción: 15 minutos

Raciones: 4

## Ingredientes:

- (283g) paquete de arroz cocido congelado, descongelado
- 1 frasco (170g) de corazones de alcachofa, escurridos y picados
- 60ml de caldo de verduras
- ½ cucharadita de cúrcuma
- ½ cucharadita de tomillo seco
- 80g de gambas pequeñas cocidas congeladas
- 76g de guisantes pequeños congelados
- 1 tomate, cortado en dados

## Indicaciones:

1. Preparar los ingredientes. En una cacerola de 15 por 15 por 5 cm, combine el arroz, los corazones de alcachofa, el caldo de verduras, la cúrcuma y el tomillo, y revuelva suavemente.

2. Freír al aire. Colocar en el horno de la freidora de aire XL y hornear de 8 a 9 minutos o hasta que el arroz esté caliente. Retire del horno de la freidora de aire y añada suavemente las gambas, los guisantes y el tomate. Cocinar de 5 a 8 minutos o hasta que las gambas y los guisantes estén calientes y la paella burbujee.

**Nutrición:** Calorías: 345 Grasa: 1g Proteína: 18g

# Camarones de coco

Tiempo de preparación: 15 minutos

Tiempo de cocción: 9 minutos

Raciones: 4

## Ingredientes:

- (227g) lata de piña triturada
- 130g de crema agria
- 59g de conservas de piña
- claras de huevo
- 40g de fécula de maíz
- 50g de coco endulzado
- 126g de pan rallado panko
- 453g de camarones grandes sin cocinar, descongelados si están congelados, desvenados y sin cáscara
- Aceite de oliva para rociar

## Indicaciones:

1. Preparar los ingredientes. Escurrir bien la piña triturada, reservando el jugo. En un tazón pequeño, combine la piña, la crema agria y las conservas, y mezcle bien. Dejar a un lado. En un bol poco profundo, batir las claras de huevo con 2 cucharadas del líquido de la piña reservado.

2. Colocar la maicena en un plato. Combinar el coco y el pan rallado en otro plato. Sumergir las gambas en la maicena, sacudirlas, pasarlas por la mezcla de claras de huevo y

finalmente por la mezcla de coco. Colocar las gambas en la rejilla/caja de la freidora de aire y rociar con aceite.

3.  Freír al aire. Fría al aire durante 5 a 7 minutos o hasta que las gambas estén crujientes y doradas.

**Nutrición:** Calorías: 524 Grasa: 14g Proteína: 33g

# Camarones fritos con cilantro y lima

Tiempo de preparación: 10 minutos

Tiempo de cocción: 9 minutos

Raciones: 4

## Ingredientes:

- 453g de camarones crudos, pelados y desvenados, con las colas o sin ellas (ver consejo de preparación)
- 37g de cilantro fresco picado
- Zumo de 1 lima
- 1 huevo
- 62g de harina para todo uso
- 94g de pan rallado
- Sal
- Pimienta
- Aceite de cocina
- 119g de salsa de cóctel (opcional)

## Indicaciones:

1. Preparar los ingredientes. Coloca los camarones en una bolsa de plástico y añade el cilantro y el zumo de lima. Selle la bolsa. Agitar para combinar. Deje marinar en el refrigerador durante 30 minutos.
2. En un tazón pequeño, bata el huevo. En otro bol pequeño, colocar la harina. En un tercer bol pequeño, colocar el pan rallado y salpimentar al gusto.

3. Rocíe la rejilla/canasta de la freidora de aire con aceite de cocina.

4. Saque las gambas de la bolsa de plástico. Pasar cada una de ellas por la harina, luego por el huevo y después por el pan rallado.

5. Freír al aire. Coloque las gambas en el horno de la freidora de aire XL. Está bien apilarlas. Rocíe las gambas con aceite de cocina. Cocine durante 4 minutos.

6. Abra el horno de la freidora de aire y dé la vuelta a las gambas. Recomiendo darles la vuelta individualmente en lugar de sacudirlas para mantener el empanado intacto. Cocinar durante 4 minutos más, o hasta que estén crujientes.

7. Enfriar antes de servir. Servir con salsa de cóctel si se desea.

**Nutrición:** Calorías: 254 Grasas: 4g Proteínas: 29g

# Atún al limón

Tiempo de preparación: 10 minutos
Tiempo de cocción: 9 minutos
Raciones: 4

**Ingredientes:**

- 2 latas (170g) de atún natural envasado en agua
- 2 cucharaditas de mostaza de Dijon
- 62g de pan rallado
- cucharada de zumo de lima fresco
- cucharadas de perejil fresco picado
- 1 huevo
- Chef man de salsa picante
- cucharadas de aceite de canola
- Sal y pimienta negra recién molida, al gusto

**Indicaciones:**

1. Preparar los ingredientes. Escurrir la mayor parte del líquido del atún en conserva.

2. En un bol, añadir el pescado, la mostaza, las migas, el zumo de cítricos, el perejil y la salsa picante y mezclar hasta que estén bien combinados. Añadir un poco de aceite de canola si parece demasiado seco. Añadir el huevo, la sal y remover para combinar. Haga las hamburguesas con la mezcla de atún. Refrigere las hamburguesas de atún durante unas 2 horas.

3. Freír al aire. Precaliente el horno de la freidora de aire a 179 grados C. Cocine durante unos 10-12 minutos.

**Nutrición:** Calorías 599 Grasas 37g Proteínas 55g

# Filetes de salmón de soja a la parrilla

Tiempo de preparación: 5 minutos
Tiempo de cocción: 8 minutos
Raciones: 4

**Ingredientes:**

- 4 filetes de salmón
- 1/4 cucharadita de pimienta negra molida
- 1/2 cucharadita de pimienta de cayena
- 1/2 cucharadita de sal
- cucharadita de cebolla en polvo
- 1 cucharada de zumo de limón fresco
- 125ml de salsa de soja
- 125ml de agua
- 1 cucharada de miel
- cucharadas de aceite de oliva virgen extra

**Indicaciones:**

1. Preparar los ingredientes. En primer lugar, seque los filetes de salmón con papel de cocina. Sazona el salmón con pimienta negra, pimienta de cayena, sal y cebolla en polvo.
2. Para hacer la marinada, combine el zumo de limón, la salsa de soja, el agua, la miel y el aceite de oliva. Deje marinar el salmón durante al menos 2 horas en la nevera.
3. Coloque los filetes de pescado en una cesta de parrilla en su horno de la freidora de aire XL.

4. Freír al aire. Hornee a 165 grados C durante 8 o 9 minutos, o hasta que los filetes de salmón se desmenucen fácilmente con un tenedor.
5. Trabaje por tandas y sirva caliente.

**Nutrición:** Calorías 814 Grasas 39g Proteínas 70g

# Tortas de cangrejo Old Bay

Tiempo de preparación: 10 minutos
Tiempo de cocción: 19 minutos
Raciones: 4

**Ingredientes:**

- 2 rebanadas de pan seco, sin corteza
- Pequeña cantidad de leche
- cucharada de mayonesa
- 1 cucharada de salsa Worcestershire
- 1 cucharada de levadura en polvo
- 1 cucharada de copos de perejil
- 1 cucharadita de condimento Old Bay
- 1/4 de cucharadita de sal
- 1 huevo
- 453g de carne de cangrejo en trozos

**Indicaciones:**

1. Preparar los ingredientes. Aplastar el pan sobre un bol grande hasta que se deshaga en trozos pequeños. Añadir la leche y remover hasta que el pan rallado se humedezca. Mezcle la mayonesa y la salsa Worcestershire. Añadir el resto de los ingredientes y mezclar bien. Dar forma a 4 hamburguesas.

2. Freír al aire. Cocinar a 182 grados C durante 20 minutos, dar la vuelta a mitad de camino.

**Nutrición:** Calorías: 165 Grasas: 4,5g Proteínas: 24g

# Vieiras y verduras de primavera

Tiempo de preparación: 10 minutos
Tiempo de cocción: 9 minutos   Raciones: 4

**Ingredientes:**

- 226g de espárragos cortados en trozos de 5 cm
- 240gr de guisantes de presión de azúcar
- 453g de vieiras
- 1 cucharada de zumo de limón
- cucharadita de aceite de oliva
- ½ cucharadita de tomillo seco
- Una pizca de sal
- Pimienta negra recién molida

**Indicaciones:**

1. Preparar los ingredientes. Coloque los espárragos y los guisantes en la rejilla/cesta del horno. Coloque la rejilla en el estante central del horno de la freidora de aire XL.

2. Freír al aire. Cocinar de 2 a 3 minutos o hasta que las verduras empiecen a estar tiernas.

3. Mientras tanto, compruebe si las vieiras tienen un pequeño músculo pegado al costado, y retírelo y deséchelo.

4. En un bol mediano, mezcle las vieiras con el zumo de limón, el aceite de oliva, el tomillo, la sal y la pimienta. Colóquelas en la rejilla/cesta del horno sobre las verduras. Coloque la rejilla en el estante central del horno de la freidora de aire XL.

5. Freír al aire. Cocine al vapor de 5 a 7 minutos. Hasta que las vieiras estén apenas firmes y las verduras estén tiernas. Servir inmediatamente.

**Nutrición:** Calorías 162 Grasas: 4g Proteínas: 22g

# Calamares fritos

Tiempo de preparación: 8 minutos
Tiempo de cocción: 7 minutos
Raciones: 6

**Ingredientes:**

- ½ cucharadita de sal
- ½ cucharadita de condimento Old Bay
- 41g de harina de maíz
- 62g de harina de sémola
- ½ cucharada de harina de almendra
- 1 Litro de aceite de oliva
- 226g de chipirones

**Indicaciones:**

1. Preparar los ingredientes. Enjuague los calamares en agua fría y corte los tentáculos, manteniendo sólo 1.2cm de la capucha en una sola pieza.
2. Combine 1-2 pizcas de pimienta, sal, condimento Old Bay, harina de maíz y ambas harinas. Pase los trozos de calamar por la mezcla de harina y colóquelos en la freidora de aire XL.
3. Freír al aire. Rocíe abundantemente con aceite de oliva. Cocinar 15 minutos a 173 grados C hasta que la capa se dore.

**Nutrición:** Calorías: 211 Grasas: 6g Proteínas: 21g

# Camarones de soja y jengibre

Tiempo de preparación: 8 minutos
Tiempo de cocción: 10 minutos
Raciones: 4

**Ingredientes:**

- 2 cucharadas de aceite de oliva
- 2 cucharadas de cebolletas, picadas finamente
- 2 dientes de ajo picados
- cucharadita de jengibre fresco, rallado
- 1 cucharada de vino blanco seco
- 1 cucharada de vinagre balsámico
- 60ml de salsa de soja
- 1 cucharada de azúcar
- 453g de gambas
- Sal y pimienta negra molida, al gusto

**Indicaciones:**

1. Preparar los ingredientes. Para hacer la marinada, calienta el aceite en una cacerola; cocina todos los ingredientes, excepto las gambas, la sal y la pimienta negra. Ahora, deja que se enfríe.
2. Marinar las gambas, tapadas, al menos una hora, en la nevera.
3. Freír al aire. Después, hornea las gambas a 176 grados C durante 8 a 10 minutos (dependiendo del tamaño), dándoles la vuelta una o dos veces. Sazone los camarones preparados con sal y pimienta negra y sírvalos de inmediato.

**Nutrición:** Calorías 624 Grasas 33g Proteínas 72g

# Dedos de pescado crujientes con queso

Tiempo de preparación: 10 minutos
Tiempo de cocción: 19 minutos
Raciones: 4

## Ingredientes:

- Filete grande de bacalao, aproximadamente 170-226g, fresco o congelado y descongelado, cortado en tiras de 4cm
- 2 huevos crudos
- 63g de pan rallado (nos gusta el Panko, pero cualquier marca o receta casera servirá)
- 2 cucharadas de queso parmesano rallado o en polvo
- cucharadas de queso cheddar rallado
- Una pizca de sal y pimienta

## Indicaciones:

1. Preparar los ingredientes. Cubra la cesta de la freidora de aire XL con un forro de papel de aluminio, dejando los bordes al descubierto para que el aire circule por la cesta.
2. Precalentar el horno de la freidora de aire a 176 grados C.
3. En un bol grande, batir los huevos hasta que estén esponjosos y hasta que las yemas y las claras estén completamente combinadas.
4. Sumergir todas las tiras de pescado en los huevos batidos, sumergiéndolas completamente.
5. En un bol aparte, combinar el pan rallado con el parmesano, el cheddar y la sal y la pimienta, hasta que se mezclen uniformemente.

6. Uno a uno, reboce las tiras de pescado cubiertas de huevo en los ingredientes secos mezclados, de modo que queden totalmente cubiertas, y colóquelas en la rejilla/cesta del horno forrada con papel de aluminio. Coloque la rejilla en el estante central del horno de la freidora de aire XL.

7. Freír con aire. Ajuste el temporizador de la freidora de aire a 20 minutos.

8. A mitad del tiempo de cocción, agite el mango de la freidora de aire para que el pescado empanado se agite en el interior y la cobertura de la fritura sea uniforme.

9. Al cabo de 20 minutos, cuando la freidora se apague, las tiras de pescado estarán perfectamente cocinadas y su corteza empanada dorada y deliciosa. Con unas pinzas, retire del horno de la freidora de aire y colóquelo en una fuente para que se enfríe.

**Nutrición:** Calorías 814 Grasas 31g Proteínas 71g

# Tilapia con costra de panko

Tiempo de preparación: 5 minutos
Tiempo de cocción: 10 minutos
Raciones: 3

## Ingredientes:

- 2 cucharaditas de condimento italiano
- 2 cucharaditas de pimienta de limón
- 42g de pan rallado panko
- 60g de claras de huevo
- 33g de harina de almendras
- 3 filetes de tilapia
- Aceite de oliva

## Indicaciones:

1. Preparar los ingredientes. Coloque el panko, las claras de huevo y la harina en cuencos separados. Mezclar la pimienta de limón y el condimento italiano con el pan rallado.
2. Secar los filetes de tilapia. Pasar por harina, luego por huevo y después por la mezcla de pan rallado.
3. Freír al aire. Colóquelos en la rejilla/cesta del horno y rocíelos ligeramente con aceite de oliva. Coloque la rejilla en el estante central del horno de la freidora de aire XL.
4. Cocinar 10-11 minutos a 200 grados C, asegurándose de dar la vuelta a mitad de la cocción.

**Nutrición:** Calorías: 256 Grasas: 9g Proteínas: 39g

# RECETAS DE VERDURAS Y GUARNICIONES

# Sopa de tomate y judías verdes

Tiempo de preparación: 10 minutos

Tiempo de cocción: 6 horas

Porción: 8

**Ingredientes:**

- 453g de judías verdes frescas cortadas en trozos de 2.5cm
- 95g de zanahorias picadas
- 634g de tomates frescos, cortados en dados
- 1 diente de ajo picado
- 1.5 Litros de caldo de verduras
- 1/4 cucharadita de pimienta negra
- 75g de cebollas picadas
- 1 cucharadita de albahaca seca
- 1/2 cucharadita de sal

**Indicaciones:**

1. Coloque la olla interior en la base del combo PowerXL Air Fryer Grill.
2. Añade todos los ingredientes en la olla interior y remueve bien.
3. Cubra la olla interior con una tapa de cristal.
4. Seleccione el modo de cocción lenta, pulse el botón de temperatura y ajuste el tiempo a 6 horas. Pulse el botón de inicio.
5. Cuando el temporizador llegue a 0, entonces pulse el botón de cancelar.
6. Sirve y disfruta.

**Nutrición:** Calorías 71 Grasas 1,3g Proteínas 5,6g

# Sopa de tomate al curry

Tiempo de preparación: 10 minutos

Tiempo de cocción: 6 horas Porción: 8

## Ingredientes:

- 1.8Kg de tomates, descorazonados y cortados en dados
- 2 cucharadas de cebolla picada
- 1 cucharadita de ajo picado
- 2 cucharaditas de curry en polvo
- 500ml de leche de coco
- 250ml de agua
- 1 cucharadita de sal

## Indicaciones:

1. Coloque la olla interior en la base del combo PowerXL Air Fryer Grill.
2. Añade todos los ingredientes en la olla interior y remueve bien.
3. Cubra la olla interior con una tapa de cristal.
4. Seleccione el modo de cocción lenta, pulse el botón de temperatura y ajuste el tiempo a 6 horas. Pulse el botón de inicio.
5. Cuando el temporizador llegue a 0, entonces pulse el botón de cancelar.
6. Haga un puré de la sopa con una batidora hasta que esté suave.
7. Remueva bien y sirva.

**Nutrición:** Calorías 182 Grasas 14,8g Proteínas 3,5g

# Pimiento relleno

Tiempo de preparación: 10 minutos Cocción: 25 minutos   Porción: 4

**Ingredientes:**

- 4 huevos
- 19g de ramilletes de brócoli
- 53g de tomates cherry
- 1 cucharadita de salvia seca
- 71g de queso cheddar rallado
- 207ml de leche de almendras
- 2 pimientos, cortados por la mitad y sin semillas
- Pimienta y sal

**Indicaciones:**

1. En un bol, bate los huevos, la leche, el brócoli, los tomates cherry, la salvia, la pimienta y la sal.
2. Vierte la mezcla de huevos en las mitades de los pimientos.
3. Espolvorear el queso sobre el pimiento.
4. Coloque la olla interior en la base combo de la PowerXL Air Fryer Grill.
5. Coloque los pimientos rellenos en la olla interior.
6. Cubra la olla interior con una tapa para freír al aire.
7. Seleccione el modo de horneado y ajuste la temperatura a 198 C y el tiempo durante 25 minutos. Pulse el botón de inicio.
8. Cuando el temporizador llegue a 0, entonces pulse el botón de cancelar.
9. Sirva y disfrute.

**Nutrición:** Calorías 285 Grasas 25,2g Proteínas 11,5g

# Cazuela de alcachofas saludable

Tiempo de preparación: 10 minutos

Tiempo de cocción: 30 minutos

Porción: 12

## Ingredientes:

- 16 huevos
- Lata de 397g de corazones de alcachofa, escurridos y cortados en trozos
- 60ml de leche de coco
- 1/2 cucharadita de pimienta roja triturada
- 1/2 cucharadita de tomillo picado
- 119g de queso ricotta
- 124g de queso parmesano
- 248g de queso cheddar, rallado
- 283g de espinacas congeladas, descongeladas y bien escurridas
- 1 diente de ajo, picado
- 19g de cebolla picada
- 1 cucharadita de sal

## Indicaciones:

1. En un bol grande, bate los huevos y la leche de coco.
2. Añadir las espinacas y la alcachofa a la mezcla de huevos.
3. Añadir todos los ingredientes restantes, excepto el queso ricotta, y remover bien para combinarlos.
4. Coloque la olla interior en la base combo de la PowerXL Air Fryer Grill.

5. Vierta la mezcla de huevos en la olla interior.
6. Extienda el queso ricotta sobre la mezcla de huevos.
7. Cubrir la olla interior con una tapa para freír al aire.
8. Seleccione el modo de horneado y luego ajuste la temperatura a 176 C y el tiempo durante 30 minutos. Pulse el botón de inicio.
9. Cuando el temporizador llegue a 0, pulse el botón de cancelación.
10. Sirva y disfrute.

**Nutrición:** Calorías 205 Grasas 13,7g Proteínas 15,9g

# Tomate al horno

Tiempo de preparación: 10 minutos
Tiempo de cocción: 30 minutos
Porción: 2

**Ingredientes:**

- 2 huevos
- 2 tomates frescos grandes
- 1 cucharadita de perejil fresco
- Pimienta
- Sal

**Indicaciones:**

1. Cortar la parte superior de un tomate y sacar con una cuchara las tripas del mismo.
2. Romper el huevo en cada tomate.
3. Coloca el bote interior en la base combo de la PowerXL Air Fryer Grill.
4. Coloque el tomate en la olla interior.
5. Cubra la olla interior con una tapa para freír con aire.
6. Seleccione el modo de horneado y ajuste la temperatura a 176 C y el tiempo durante 15 minutos. Pulse el botón de inicio.
7. Cuando el temporizador llegue a 0, pulse el botón de cancelación.
8. Sazone el tomate con perejil, pimienta y sal.
9. Servir y disfrutar.

**Nutrición:** Calorías 96 Grasas 4,7g Proteínas 7,2g

# Coliflor al horno

Tiempo de preparación: 10 minutos
Tiempo de cocción: 45 minutos
Porción: 2

**Ingredientes:**

- 1/2 cabeza de coliflor, cortada en ramilletes
- 2 cucharadas de aceite de oliva

**Para sazonar:**

- 1/2 cucharadita de pimienta blanca
- 1/2 cucharadita de ajo en polvo
- 1/2 cucharadita de comino molido
- 1/2 cucharadita de pimienta negra
- cucharada de cayena molida
- 1 cucharadita de cebolla en polvo
- 1/4 cucharadita de orégano seco
- 1/4 cucharadita de albahaca seca
- 1/4 cucharadita de tomillo seco
- cucharada de pimentón molido
- cucharadita de sal

**Indicaciones:**

1. En un bol grande, mezclar todos los ingredientes del condimento.
2. Añadir el aceite y remover bien. Añadir la coliflor a la mezcla de condimentos del bol y remover bien para cubrirla.
3. Coloque el recipiente interior en la base combo de la PowerXL Air Fryer Grill.
4. Distribuya los ramilletes de coliflor en la olla interior.

5. Cubra la olla interior con una tapa para freír con aire.

6. Selecciona el modo de horneado y luego ajusta la temperatura a 200°C y el tiempo para 45 minutos. Pulse el botón de inicio.

7. Cuando el temporizador llegue a 0, pulse el botón de cancelación.

8. Sirva y disfrute.

**Nutrición:** Calorías 177 Grasas 15,6g Proteínas 3,1g

# Alubias al horno fáciles

Tiempo de preparación: 10 minutos
Tiempo de cocción: 10 minutos
Porción: 2

**Ingredientes:**

- Lata de 453g de alubias blancas, escurridas y enjuagadas
- 2 cucharadas de salsa BBQ
- 1 1/2 cucharadas de jarabe de arce
- 1 1/2 cucharadita de zumo de limón
- 1 cucharada de mostaza amarilla preparada

**Indicaciones:**

1. Coloque la olla interior en la base combo de la PowerXL Air Fryer Grill.
2. Añade todos los ingredientes en la olla interior y remueve bien.
3. Cubra la olla interior con una tapa de cristal.
4. Selecciona el modo de cocción a fuego lento y pulsa el botón de temperatura y ajusta el tiempo a 10 minutos. Pulsa el botón de inicio.
5. Cuando el temporizador llegue a 0, pulsa el botón de cancelar.
6. Remueve bien y sirve.

**Nutrición:** Calorías 278 Grasas 0,4g Proteínas 14g

# Cazuela cremosa de coliflor

Tiempo de preparación: 10 minutos
Tiempo de cocción: 15 minutos
Porción: 6

**Ingredientes:**

- 1 cabeza de coliflor, cortada en ramilletes y hervida
- 497g de queso cheddar rallado
- 2 cucharaditas de mostaza de Dijon
- 57g de queso crema
- 254g de crema de leche
- 1 cucharadita de ajo en polvo
- 1/2 cucharadita de pimienta
- 1/2 cucharadita de sal

**Indicaciones:**

1. Coloque la olla interior en la base combo de la PowerXL Air Fryer Grill.
2. Añada todos los ingredientes en la olla interior y mézclelos bien.
3. Cubra la olla interior con una tapa para freír al aire.
4. Seleccione el modo de horneado y ajuste la temperatura a 190C y el tiempo a 15 minutos. Pulse el botón de inicio.
5. Cuando el temporizador llegue a 0, pulse el botón de cancelación.
6. Sirva y disfrute.

**Nutrición:** Calorías 268 Grasas 23,3g Proteínas 11,5g

# RECETAS
# VEGANAS

# Floretes de coliflor con pimentón ahumado

Tiempo de preparación: 9 minutos

Tiempo de cocción: 19 minutos

Raciones: 4

## Ingredientes:

- cabeza grande de coliflor, partida en ramilletes pequeños
- cucharadita de pimentón ahumado
- 1 cucharadita de ajo en polvo
- Sal y pimienta negra recién molida, al gusto
- Spray para cocinar

## Indicaciones

1. Rocíe la cesta de freír al aire con spray de cocina.
2. En un tazón mediano, mezcle los ramilletes de coliflor con el pimentón ahumado y el ajo en polvo hasta que estén uniformemente cubiertos. Espolvorear con sal y pimienta.
3. Colocar los ramilletes de coliflor en la cesta de freír y rociar ligeramente con spray de cocina.
4. Coloque la cesta de freír en la posición de freír.
5. Seleccione Air Fry, fije la temperatura en 400°F (205°C) y el tiempo en 20 minutos. Remueva la coliflor cuatro veces durante la cocción.
6. Retire la coliflor de la parrilla de la freidora de aire y sírvala caliente.

**Nutrición:** Calorías 624 Grasas 39,3g Proteínas 72g

# Aros de cebolla

Tiempo de preparación: 10 minutos

Tiempo de cocción: 10 minutos

Raciones: 3

## Ingredientes:

- 2 cebollas blancas, cortadas en aros
- 125g de harina
- 2 huevos batidos
- 126g de pan rallado

## Indicaciones

1. Cubrir los aros de cebolla con harina.
2. Pasar por el huevo.
3. Pasar por el pan rallado.
4. Añadir a la freidora de aire.
5. Ponerla a freír al aire.
6. Cocine a 200 grados C durante 10 minutos.

**Nutrición:** Calorías 564 Grasas 32g Proteínas 72g

# Bocados de coliflor

Tiempo de preparación: 15 minutos

Tiempo de cocción: 10 minutos

Raciones: 6

**Ingredientes:**

Bocados de coliflor

- 845g de arroz de coliflor
- 1 huevo batido
- 95g de queso parmesano rallado
- 240g de queso cheddar, rallado
- 2 cucharadas de cebollino picado
- 31g de pan rallado
- Sal y pimienta al gusto

**Salsa**

- 119g de ketchup
- 2 cucharadas de salsa picante

**Indicaciones**

1. Combinar los ingredientes de los bocados de coliflor en un bol.
2. Mezclar bien.
3. Formar bolas con la mezcla.
4. Elegir el ajuste de freír al aire.
5. Añade los bocados de coliflor a la freidora de aire.
6. Cocine a 190 grados C durante 10 minutos.
7. Mezclar el ketchup y la salsa picante.
8. Servir los bocados de coliflor con la salsa.

**Nutrición:** Calorías 714 Grasas 29g Proteínas 63g

# Espárragos al balsámico

Tiempo de preparación: 15 minutos

Tiempo de cocción: 9 minutos   Raciones: 4

**Ingredientes:**

- 4 cucharadas de aceite de oliva, más para engrasar
- 4 cucharadas de vinagre balsámico
- 1½ libras (680 g) de espárragos, recortados
- Sal y pimienta negra recién molida, al gusto

**Indicaciones**

1. Engrasar la cesta de freír al aire con aceite de oliva.
2. En un recipiente poco profundo, mezcle las 4 cucharadas de aceite de oliva y el vinagre balsámico para hacer un adobo.
3. Poner los espárragos en el bol para que queden bien cubiertos por la marinada y dejar marinar durante 5 minutos.
4. Poner los espárragos en la cesta engrasada en una sola capa y salpimentar.
5. Colocar la cesta de freír al aire en la posición de freír al aire.
6. Selecciona Air Fry, ajusta la temperatura a 350°F (180°C), y ajusta el tiempo a 10 minutos. Dale la vuelta a los espárragos a mitad del tiempo de cocción.
7. Cuando estén hechos, los espárragos deben estar tiernos y ligeramente dorados. Deje enfriar durante 5 minutos antes de servir.

**Nutrición:** Calorías 825 Grasas 35g Proteínas 52g

# Patatas al horno

Tiempo de preparación: 20 minutos
Tiempo de cocción: 45 minutos
Raciones: 6

**Ingredientes:**

- 6 patatas
- 1 cucharada de aceite de oliva
- Sal al gusto
- 239g de mantequilla
- 125ml de leche
- 130g de crema agria
- 372g de queso cheddar, rallado y dividido

**Indicaciones**

1. Pinchar las patatas con un tenedor.
2. Añadir a la freidora de aire.
3. Ponerla a hornear.
4. Cocine a 200 grados C durante 40 minutos.
5. Sacar del horno.
6. Cortar la patata por la mitad
7. Sacar la pulpa de la patata con una cuchara.
8. Mezclar la pulpa de la patata con el resto de los ingredientes.
9. Volver a poner la mezcla en las cáscaras de patata.
10. Hornear en la freidora de aire durante 5 minutos.

**Nutrición:** Calorías 864 Grasas 36g Proteínas 52g

# Rollos de huevo con queso

Tiempo de preparación: 15 minutos
Tiempo de cocción: 12 minutos
Raciones: 12

## Ingredientes:

- 12 envoltorios de rollitos de primavera
- 12 lonchas de queso provolone
- 3 huevos cocidos y cortados en rodajas
- 1 zanahoria, cortada en tiras finas
- 1 cucharada de agua

## Indicaciones

1. Cubre los envoltorios con el queso, los huevos y las tiras de zanahoria.
2. Enrolla los envoltorios y séllalos con agua.
3. Colocar dentro de la freidora de aire.
4. Ponerla a freír al aire.
5. Cocine a 198 grados C durante 12 minutos, girando una o dos veces.

**Nutrición:** Calorías 814 Grasas 31g Proteínas 59g

# Pizza vegetariana

Tiempo de preparación: 15 minutos
Tiempo de cocción: 10 minutos
Raciones: 1

**Ingredientes:**

- 1 masa de pizza
- 1 cucharada de aceite de oliva
- 59g de salsa de tomate
- 93g de champiñones
- 95g de aceitunas negras, en rodajas
- 1 diente de ajo picado
- ½ cucharadita de orégano
- Sal y pimienta al gusto
- 238g de mozzarella rallada

**Indicaciones**

1. Untar la masa de la pizza con aceite.
2. Extender la salsa de tomate por encima.
3. Colocar encima los champiñones y las aceitunas.
4. Espolvorear con ajo y orégano.
5. Sazonar con sal y pimienta.
6. Cubrir con queso mozzarella.
7. Colocar dentro de la freidora de aire.
8. Ponerla a hornear.
9. Cocine a 200 grados C durante 10 minutos.

**Nutrición:** Calorías 894 Grasas 39g Proteínas 70g

# Chips de coles de Bruselas

Tiempo de preparación: 10 minutos
Tiempo de cocción: 15 minutos
Raciones: 2

## Ingredientes:

- 90g de coles de Bruselas, cortadas en rodajas finas
- 1 cucharada de aceite de oliva
- 1 cucharadita de ajo en polvo
- Sal y pimienta al gusto
- 2 cucharadas de queso parmesano rallado

## Indicaciones

1. Echar las coles de Bruselas en aceite.
2. Espolvorear con ajo en polvo, sal, pimienta y queso parmesano.
3. Elige la función de hornear.
4. Añade las coles de Bruselas en la freidora de aire.
5. Cocine a 176 grados C durante 8 minutos.
6. Dar la vuelta y cocinar durante 7 minutos más.

**Nutrición:** Calorías 866 Grasas 26g Proteínas 62g

# POSTRES

# Donas de chocolate

Tiempo de preparación: 15 minutos
Tiempo de cocción: 16 minutos
Raciones: 10

**Ingredientes:**

- Galletas gigantes de 226g
- Aceite de cocina
- Salsa de chocolate, como la de Hershey's

**Indicaciones:**

1. Separe la masa de galletas en 8 galletas y colóquelas en una superficie de trabajo plana. Cortar un agujero en el centro de cada galleta utilizando un cortador de galletas de círculo pequeño. También puede cortar los agujeros con un cuchillo.

2. Rocíe la cesta de la freidora con aceite de cocina. Coloque 4 rosquillas en la freidora de aire. No los apiles. Rocíe con aceite de cocina. Fría al aire durante 4 minutos.

3. Dar la vuelta a los donuts y freírlos durante 4 minutos más. Sacar los donuts cocidos de la freidora, repetir los pasos 3 y 4 para los 4 donuts restantes. Rocía la salsa de chocolate sobre los donuts y disfrútalos mientras están calientes.

**Nutrición:** Calorías: 240 Grasas: 14g Proteínas: 3g

# Plátanos fritos con salsa de chocolate

Tiempo de preparación: 15 minutos
Tiempo de cocción: 11 minutos
Raciones: 2

**Ingredientes:**

- huevo grande
- 35g de maicena
- 31g de pan rallado
- plátanos, cortados por la mitad en sentido transversal
- Aceite de cocina
- Salsa de chocolate

**Indicaciones:**

1. En un bol pequeño, bata el huevo. En otro bol, colocar la maicena. En el tercer bol, pon el pan rallado. Pasa los plátanos por la maicena, luego por el huevo y después por el pan rallado.

2. Rocíe la cesta de la freidora de aire con aceite de cocina. Coloca los plátanos en la cesta y rocíalos con aceite de cocina.

3. Fría al aire durante 5 minutos. Abra la freidora de aire y dé la vuelta a los plátanos. Cocine durante 2 minutos más. Pasar los plátanos a los platos. Poner la salsa de chocolate sobre los plátanos y servir.

**Nutrición:** Calorías 130 Grasas: 6g Proteínas: 2g

# Pastel de Manzana

Tiempo de preparación: 15 minutos
Tiempo de cocción: 8 minutos
Raciones: 6

**Ingredientes:**

- 425g de relleno de tarta de manzana sin azúcar añadido
- corteza comprada en la tienda

**Indicaciones:**

1. Extienda la corteza de la tarta y córtela en cuadrados del mismo tamaño. Colocar 2 cucharadas de relleno en cada cuadrado y sellar la corteza con un tenedor. Colocar en la freidora de aire. Hornee durante 8 minutos a 198 C hasta que tenga un color dorado.

**Nutrición:** Calorías: 135 Grasas: 6g Proteínas: 1g

# Wontons dulces de queso crema

Tiempo de preparación: 15 minutos
Tiempo de cocción: 5 minutos
Raciones: 16

**Ingredientes:**

- huevo mezclado con un poco de agua
- Envoltorios de wonton
- 125g de edulcorante en polvo
- 453g de queso crema ablandado
- Aceite de oliva

**Indicaciones:**

1. Mezclar el edulcorante y el queso crema. Disponer 4 wontons a la vez y cubrirlos con un paño de cocina para evitar que se sequen. Colocar ½ cucharadita de la mezcla de queso crema en cada envoltorio.
2. Sumergir el dedo en la mezcla de huevo y agua y doblar en diagonal para formar un triángulo. Sellar bien los bordes. Repetir con el resto de los ingredientes.
3. Colocar los wontons rellenos en la freidora de aire y freírlos durante 5 minutos a 200 grados C, agitando a mitad de la cocción.

**Nutrición:** Calorías: 250 Grasas: 13g Proteínas: 6g

# Melocotones fritos

Tiempo de preparación: 2 horas

Tiempo de cocción: 14 minutos

Raciones: 4

## Ingredientes:

- 4 melocotones maduros
- 62g de harina
- Sal
- yemas de huevo
- 180ml de agua fría
- 1 1/2 cucharadas de aceite de oliva
- cucharadas de brandy
- claras de huevo
- Mezcla de canela y azúcar

## Indicaciones:

1. Mezclar la harina, las yemas de huevo y la sal en un bol. Mezclar poco a poco el agua y añadir el brandy. Dejar a un lado la mezcla durante 2 horas.

2. Hervir una olla grande de agua y cortar una X en el fondo de cada melocotón. Mientras el agua hierve, llene otro recipiente grande con agua y hielo.

3. Hierve cada melocotón durante un minuto y luego sumérgelo en el baño de hielo. Ahora las cáscaras deben caerse del melocotón. Batir las claras de huevo y mezclarlas con la masa. Sumergir cada melocotón en la mezcla para cubrirlo.

4. Fría al aire a 182 grados C durante 10 minutos. Preparar un plato con la mezcla de canela y azúcar, pasar los melocotones por la mezcla y servir.

**Nutrición:** Calorías: 68 Grasas: 5g Proteínas: 1g

# Albóndigas de manzana

Tiempo de preparación: 15 minutos

Tiempo de cocción: 25 minutos

Raciones: 4

## Ingredientes:

- 2 cucharadas de aceite de coco derretido
- 2 hojas de hojaldre
- cucharada de azúcar moreno
- cucharada de pasas
- manzanas pequeñas a elección

## Indicaciones:

1. Asegúrese de que su freidora de aire esté precalentada a 180 C. Descorazone y pele las manzanas y mézclelas con las pasas y el azúcar.
2. Coloque un poco de la mezcla de manzanas en las hojas de hojaldre y pinte los lados con aceite de coco derretido. Colocar en la freidora de aire. Freír al aire durante 25 minutos, dándole la vuelta a mitad de camino. Servir.

**Nutrición:** Calorías 163 Grasas: 9g Proteínas: 1g

# Rollos de crema de frambuesa

Tiempo de preparación: 15 minutos

Tiempo de cocción: 10 minutos

Raciones: 4

## Ingredientes:

- 176g de frambuesas frescas enjuagadas y secadas con palmaditas
- 119g de queso crema ablandado a temperatura ambiente
- 53g de azúcar moreno
- 80g de leche condensada azucarada
- 1 huevo
- 1 cucharadita de almidón de maíz
- 6 envoltorios de rollitos de primavera
- 60ml de agua

## Indicaciones:

1. Cubra la cesta de su freidora de aire con un forro de papel de aluminio, dejando los bordes sin cubrir. Precaliente la freidora de aire a 176 C.
2. En un bol, mezcle el queso crema, el azúcar moreno, la leche condensada, la maicena y el huevo. Bata o bata bien hasta que todos los ingredientes estén completamente mezclados y sean esponjosos, espesos y rígidos.
3. Con una cuchara, ponga cantidades uniformes del relleno cremoso en cada envoltorio de rollito de primavera, y luego cubra cada porción de relleno con varias frambuesas.

4. Enrolle los envoltorios alrededor del relleno cremoso de frambuesa y selle las costuras con unos toques de agua. Coloque cada rollo en la cesta de la freidora de aire forrada con papel de aluminio, con las costuras hacia abajo.
5. Poner a freír al aire durante 10 minutos. Durante la cocción, agitar el asa de la cesta de la freidora para que la superficie quede bien crujiente. Retire con unas pinzas y sirva caliente o frío.

**Nutrición:** Calorías 164 Grasa: 1g Proteína: 7g

# Pastel de chocolate

Tiempo de preparación: 15 minutos

Tiempo de cocción: 45 minutos  Raciones: 10

**Ingredientes:**

- 125ml de agua caliente
- cucharadita de vainilla
- 60ml de aceite de oliva
- 125ml de leche de almendras
- 1 huevo
- ½ cucharadita de sal
- ¾ cucharadita de bicarbonato de sodio
- ¾ cucharadita de levadura en polvo
- 53g de cacao en polvo sin azúcar
- 102g de harina de almendra
- 212g de azúcar moreno

**Indicaciones:**

1. Precaliente su freidora a 180 C. Mezcle todos los ingredientes secos. A continuación, añada los ingredientes húmedos. Añada el agua caliente en último lugar.
2. Vierta la masa del pastel en un molde que quepa en la freidora. Cubra con papel de aluminio y haga agujeros en el mismo. Hornee durante 35 minutos. Deseche el papel de aluminio y hornee otros 10 minutos.

**Nutrición:** Calorías: 186 Grasas: 6g Proteínas: 6g

# CONCLUSION

OWER XL AIR FRYER GRILL COOKBOOK es el recurso perfecto si está buscando recetas frescas para freír con aire que dejarán a su familia y amigos rogando por más. Hay tantas cosas diferentes que puede hacer con una freidora de aire que puede que no quiera volver a tener un horno tradicional. Así que prepárese para inspirarse y disfrutar de una deliciosa comida para usted y sus seres queridos. ¡Te lo agradecerán!

Comer sano es un gran paso hacia un cuerpo y una mente más saludables. Pero, ¿por qué deberíamos cuidar nuestro cuerpo si no vamos a disfrutarlo? La vida es demasiado corta para privarnos de comer cosas deliciosas. Este libro de cocina le mostrará cómo hacer precisamente eso: tener lo mejor de ambos mundos, con una alimentación sana y comidas sabrosas.

Este libro está diseñado para ser su compañero esencial a la hora de proporcionar comidas saludables con su freidora de aire, y le permitirá convertirse en más que un maestro en la cocina. Aprenda hoy mismo a preparar 50 platos que le harán la boca agua.

También hay información sobre las ventajas y desventajas de utilizar una freidora de aire.
Así que si quiere cambiar su forma de preparar comidas en la cocina o en la parrilla, este libro es para usted.

Thank you!

9 781802 745924